맑고 깊은 영성의 세계를 향하여

정원 지음

영성의 숲

서 문

이 글은 제가 운영하고 있는 홈페이지 [정원 목사 독자모임]안에 있는 [내 영혼의 잠언] 코너의 글을 묶은 것입니다.
영성의 발전과 아름답고 성숙한 삶을 사모하는 이들을 위하여 짧은 묵상을 정리하여 보았습니다.
이 짧은 묵상들은 그대로 나의 신앙 고백이며 주님께 대한 사모함, 열망의 표현이기도 합니다.

이 짧은 글들이 독자님들의 사랑을 받고 주님께 좀 더 가까이 나아가는데 도움이 되기를 간절히 소망해봅니다.
항상 많은 사랑과 격려를 보내주시는 독자님들 모두에게 감사의 마음을 표합니다.
샬롬.

              2002. 4. 정원

목 차

서문
1. 평가 · 8
2. 계획 · 8
3. 동기 · 8
4. 절망 · 9
5. 참된 휴식 · 9
6. 근심 · 10
7. 분노 · 10
8. 인식 · 11
9. 열매 · 12
10. 부드러운 징계 · 13
11. 중심 · 14
12. 사랑의 향취 · 15
13. 깨어남 · 16
14. 우연 · 17
15. 과정 · 18
16. 만족 · 18
17. 차이 · 19
18. 고난 중의 사랑 · 19
19. 소원 · 20
20. 흔적 · 20
21. 천국의 임함 · 21
22. 눈물 · 21
23. 영광 · 22
24. 각성 · 23

25. 사역의 종류 · 24
26. 섬김의 지혜 · 25
27. 빛의 비췸 · 26
28. 자기를 잃어버림 · 28
29. 주님의 빛 · 30
30. 생각의 습관 · 32
31. 주님의 음성 · 34
32. 절망의 수준 · 36
33. 예배와 임재 · 37
34. 요구 · 39
35. 억압과 공급 · 41
36. 영향력 · 41
37. 혼란 속의 평안 · 42
38. 영의 상승과 하강 · 43
39. 사랑할 수 있는 힘 · 45
40. 인식의 변화1 · 46
41. 인식의 변화2 · 47
42. 한 가지 조건 · 48
43. 영원한 건설 · 49
44. 오직 한 가지 일 · 50
45. 가치관 · 52
46. 방향 전환 · 54
47. 같은 방향의 중요성 · 55
48. 문제 해결 · 57
49. 더 좋은 것 · 58
50. 자존심 · 58

51. 늙음의 행복 · 59
52. 짐을 지는 것 · 60
53. 영으로 사는 것 · 61
54. 주님의 경험 · 62
55. 생수가 되시는 주님 · 63
56. 신앙 고백 · 64
57. 비워짐의 행복 · 65
58. 체험과 순종 · 67
59. 부끄러움을 가림 · 69
60. 비난과 두려움 · 71
61. 자신을 내려놓기 · 73
62. 실상과 허상 · 74
63. 행복한 삶 · 77
64. 우주적인 사랑 · 79
65. 그리스도인의 평안 · 81
66. 실제 · 82
67. 겸손 · 83
68. 온전한 절망 · 84
69. 가장 큰 비전 · 85
70. 관점 · 88
71. 위대함 · 89
72. 분주함 · 90
73. 영혼의 역사 · 91
74. 천국과 지옥 · 93
75. 비침 · 95
76. 은혜의 관계 · 97

77. 성장 · 99
78. 도인의 길 · 103
79. 주님의 기쁨 · 105
80. 열매의 근원 · 107
81. 사랑의 분위기 · 109
82. 미래 · 111
83. 영혼의 밤 · 112
84. 더 중요한 것 · 113
85. 감동 · 114
86. 지체 · 116
87. 성숙 · 118
88. 자연스러움 · 119
89. 자유 · 122
90. 신성의 불꽃 · 124
91. 평화 · 125
92. 부드러움 · 126
93. 무기 · 126
94. 오해 · 127
95. 권위 · 128
96. 은혜 · 129
97. 맡기심 · 131
98. 인식 · 132
99. 천국의 빛 · 133
100. 요구하는 사람, 위로하는 사람 · 136

1. 평가

사람들은 우리를 칭찬하기도 하고 비난하기도 합니다.
그러나 진정 중요한 것은 주님께서 우리를 어떻게 평가하시느냐 하는 것입니다.

2. 계획

우리는 이런 저런 비전에 대하여 이야기하며 많은 계획들을 세웁니다. 그러나 주님이 그 길을 인도하지 않으신다면 우리는 아무 것도 할 수 없습니다.

3. 동기

많은 사람들이 우리를 칭찬할 때 우리는 기뻐하고 즐거워합니다. 그러나 주님께서는 그때에 우리에게 물으십니다.
너는 왜 기뻐하느냐.
무엇 때문에 누구를 위하여 즐거워하느냐.

4. 절망

길이 막히고 꿈이 사라지고 삶이 우리를 지치게 할 때
우리는 절망하고 싶어집니다.
그러나 그 때 주님은 말씀하십니다.
내가 살아있는 것이 확실하냐?
그렇다면 너는 절망하지 말아라.

5. 참된 휴식

많은 사람들이 자연을 보며 그 아름다움에 감탄합니다.
그러나 그것을 지으신 주님의 아름다움은 보지 못합니다.
많은 사람들이 들로, 산으로 나가서 그 자연 속에서 휴식을 취하지만 그 자연을 지으신 분 안에서 휴식을 취하는 이는 많지 않습니다.
어린 영혼은 눈에 보이는 것으로 기뻐하고 즐거워하지만
조금 성장한 영혼은 눈에 보이지는 않지만
모든 것의 배후에 계신 분을 누리고 즐거워하는 것입니다.

6. 근심

사람들은 대부분 많은 걱정과 근심 속에 사로잡혀 있습니다. 그러나 그러한 근심들은 대부분 아무 쓸데가 없거나 오히려 해를 일으킬 뿐입니다.
진정 근심해야할 것을 근심하고 진정 가치 있는 것을 위하여 걱정하는 사람은 그리 많지 않습니다.

7. 분노

많은 사람들이 화를 냅니다.
그러나 자신이 왜 화를 내는지 아는 사람은 드뭅니다.
사람들은 자신이 화를 내는 이유가 다른 사람 때문에, 환경 때문이라고 생각하지만 사실은 그의 영혼이 주님께로부터 멀어져있으며 그의 마음이 주님의 손에 통제되지 않고 있기 때문에 그들은 분노에 사로잡히게 되는 것입니다.

8. 인식

우리는 자신의 악성에 대하여 잘 알지 못합니다.
자신이 선하고 착한 존재라고 생각합니다.
그러나 우리는 시도하려는 순간 그것을 알게 됩니다.
감사하려고 애쓸수록
우리 안에 얼마나 많은 원망이 있는지
사랑하려고 할수록
우리 안에 얼마나 많은 미움이 있는지
용서하려고 할수록
우리 안에 얼마나 많은 분노가 숨겨져 있는지
우리는 인식하게 되는 것입니다.
율법은 우리의 절망을 위하여 주어진 것이며
그러므로 자신에 대하여 철저하게 절망한 사람은
오직 주님, 그분의 긍휼만을
간절히 사모하게 되는 것입니다.

9. 열매

스스로 사랑하려 애쓰는 사람은 결코 사랑할 수 없습니다.
스스로 용서하려 애쓰는 사람도 결코 용서할 수 없습니다.
평화로운 마음을 가지려고 아무리 애써도 우리는 평화를 가질 수 없습니다.
순결해지기 위해서 우리의 마음을 다스리려고 해도 우리는 그것이 불가능한 것임을 알게 됩니다.

그러나 우리 안에 온전하신 분이 계십니다.
그분은 사랑이시며 용서이시며 평안이시며 순결과 거룩함이십니다.
그러므로 자신의 노력을 그치고 그분 안에서 안식하며
우리 안에 내주하시는 그분을 바라보는 자는
그분의 열매를 맺게 되는 것입니다.
그리하여 우리 안에서
사랑, 기쁨, 용서, 순결함, 평강의 물결이
한없이 멈추지 않고 흘러나오는 것입니다.

10. 부드러운 징계

자녀를 징계하거나 야단칠 때 화를 내거나 큰 소리를 쳐야 한다면 아이들은 부모가 화를 내거나 큰 소리를 칠 때만 말을 들을 것입니다.
부드럽고 잔잔하게 아이들을 가르치십시오.
강하고 큰 꾸짖음보다 부드럽지만 단호하며 일관성 있는 메시지를 아이들은 잘 듣습니다.
부모가 한번 안 된다고 말하면 그것은 안 되는 것이며
한 번의 불순종에 대하여 결코 그냥 넘어가지 않는다는 것을 잘 알고 있는 아이들은 절대로 불순종하지 않습니다.

징계하면서 평화로운 마음을 상실하는 것은 바른 교육이 아닙니다.
자녀를 기르치고 징계할 때에 마음의 평화를 유지하지 못하는 사람들은 자녀 교육 뿐만 아니라 그 어떤 일에도 유능한 하나님의 사람이 될 수 없습니다.

11. 중심

이 우주 안에 있는 모든 것에는 중심이 있습니다.
그리고 모든 것들은 그 중심을 향해서 돕니다.
원자에도 중심핵이 있으며 그 중심을 향해서 돕니다.

태양계에도 중심이 있으며 지구는 태양을 향해서 돕니다.
그 중심은 만물의 주권자를 보여주며 그 중심을 향하여 움직이는 것은 조화이며 질서이며 아름다움입니다.
그러나 그 중심을 버리고 스스로 중심이 되며
스스로 멋대로 움직일 때 그것은 무질서이며 파괴이며 어두움이 됩니다.

그러므로 우리의 마음이 주님을 향하는 것은
모든 아름다움의 시작이며
자신이 모든 것의 중심이 되는 것은
모든 파괴와 멸망의 시작인 것입니다.

12. 사랑의 향취

주님을 사랑하는 것은
모든 사람을, 모든 것을 사랑하는 것입니다.
주님을 사랑하지 않는 것은
오직 자신만을 사랑하며
자신과 관계된 것만을 사랑하는 것입니다.
그러나 실상 그것은 사랑이 아니며
하나의 집착과 욕망에 지나지 않는 것입니다.
주님을 통한 사랑에는 향취가 있으며
주님과 상관없는 사랑에는
사망의 악취가 있을 뿐입니다.

13. 깨어남

하나님은 언제나 우리의 옆에 계시며
우리를 지켜보고 계십니다.
그러나 우리는 때때로
그분이 졸고 계시고 있다고 생각합니다.

그래서 시편기자는 자주 여호와여, 깨소서, 깨소서..
하고 기도하였습니다.
그러나 진정 깨어나야 할 것은
우리 자신입니다.
우리의 영혼이 잠에서 깨어날 때
우리는 주님이 우리의 옆에 계시며
그 사랑의 눈으로 우리를 지켜보고 계신다는 사실을
다시금 느끼게 될 것입니다.

14. 우연

우리가 지금 이 시점에 오게 된 것은
예상하지 못했던 어떤 우연한 사건 때문입니다.
우연히 우리는 어떤 사람을 만나고
우연히 우리는 어떤 것을 접합니다.
우연히 우리는 어떤 세계에 들어갑니다.

인생이란 우리가 원하고 계획하는 대로 가지 않고
우리의 생각을 벗어난 하나님의 인도하심으로
진행되고 이루어지는 것입니다.

15. 과정

술꾼들이 술을 마실 때 처음에는 사람이 술을 마시고
다음에는 술이 사람을 마시고
나중에는 술이 술을 마신다고 하는 것처럼
우리도 주님을 만날 때
처음에는 우리가 주를 부르고 구하고
그 다음에는 주님이 우리를 붙드시고 지배하시며
나중에는 우리와 주님이 하나로 연합되어
그분의 놀라우신 역사를 이루어 가시는 것입니다.

16. 만족

주님 외의 그 어떤 것으로 행복하고 만족하다면
그는 아직 주님을 잘 모르는 사람입니다.
주님의 놀라우신 임재와 사랑에 접촉된 사람은
주님 이외에서는 결코 만족을 얻을 수 없으며
온갖 산해진미와 세상의 명예와 영광을 다 준다 해도
그는 십자가의 주님과 함께 거하는 쓰레기더미에서
더 큰 행복과 만족을 얻을 것입니다.

17. 차이

프란시스코는 제자들이 구걸해온 쓰레기와 같은 음식을 먹으면서 주님의 한량없는 사랑에 감동하여 기쁨과 감격의 눈물을 흘렸습니다.
비슷한 상황에 처해있어도 사람들의 감동과 느낌은 영적 상태에 따라 천지 차이가 있는 것입니다.
주님의 사람은 다른 사람들이 가장 극심한 고통을 느끼는 상황에서 극도의 기쁨을 경험하기도 합니다.

18. 고난 중의 사랑

잔느 귀용은 그녀의 믿음 때문에 지하의 감옥에서 10년을 보냈습니다. 그 곳은 오직 암흑 뿐이며 식사시간에만 작은 촛불하나만을 켤 수 있었습니다.
그곳에서 그녀는 그녀가 가장 사랑하는 주님을 위하여 찬양을 드리며 시를 썼습니다.
그녀의 몸은 묶여있으나 그녀의 영혼은 훨훨 날면서
주님을 찬양하며 사랑하고 있음을
고백하는 시를 썼습니다.
고통과 시련은 우리의 믿음을 순결하게 연단할 뿐이며 그분을 사랑하는 것을 결코 멈추게 하지 못하는 것입니다.

19. 소원

어릴 때 우리는 주님의 복을 받고 싶어 합니다.
조금 자라서 우리는 오직 주님을 알고 싶어 합니다.
조금 더 자라면 우리의 소원은
오직 그분을 위하여 죽기 원하게 되며
우리의 피가 그분을 위하여 흘려지기를
간절한 마음으로 소원하게 되는 것입니다.

20. 흔적

바울은 자신이 예수의 흔적을 가졌다고 말합니다.
그의 온 몸에는 복음을 증거하다 잡혀서 채찍에 맞은 상처와 흔적으로 가득했습니다.
주를 사랑하는 자에게 있어서 그 채찍의 자국만큼 행복하고 놀라운 것은 다시없을 것입니다.
그것은 보석보다 아름다운 영광의 면류관인 것입니다.

21. 천국의 임함

천국의 임함은 아주 간단합니다.
주님 앞에 엎드려 온 마음을 다하여 목이 터져라 주의 이름을 부를 때 그 분은 임하십니다.
그리고 그것은 천국입니다.
눈에는 눈물이 심령에는 황홀함이
우리의 주변에는 주님의 놀라우신 그 영광이
임하게 되는 것입니다.

22. 눈물

수많은 눈물이 있습니다.
고통의 눈물, 감동의 눈물, 후회의 눈물..
그러나 가장 아름답고 놀라운 눈물은
주님과 함께 흘리는 눈물입니다.
주님이 우리를 만지실 때 흘리는 눈물입니다.
그것은 보석과 같고 천국과 같으며
그 눈물의 기쁨을 아는 자는
더욱 더욱 그렇게 울고 싶을 것입니다.

23. 영광

무릎 꿇고 주님 앞에 엎드려
주님을 사랑한다고 고백하는 사람은
이 세상 속에서
가장 성공하고 성공한 사람입니다.

울면서 자신을 주께 드리며
주님의 도구가 되기를 간절히 구하는 사람은
이 세상에서 가장 영광스러운 사람입니다.
그들이 처하는 영광의 세계에 비하면
이 세상의 영광은 한낱 먼지와 같은 것입니다.

24. 각성

자녀가 유명한 대학에 들어갔다고
기뻐하는 어머니들은 많습니다.
자녀들이 공부를 잘 한다고
자랑하는 어머니들도 많습니다.
그러나 자녀들이 주님을 간절히 사랑한다고
즐거워하는 어머니들은 아주 적습니다.
심지어 믿는 부모들까지도
자녀들이 주님께 너무 빠지지 않을까 걱정합니다.
그들은 주님을 아주 위험한 존재로
생각하고 있는 것입니다.
눈이 열리고 영이 일어나야
비로소 그들은 빛과 어두움을 구별하게 될 것입니다.

25. 사역의 종류

사역자를 세우는 사역이 있고 주님을 세우는 사역이 있습니다. 첫 번째 사역은 사람들이 사역자의 탁월함을 기억하고 찬탄하며 두 번째 사역은 사람들이 오직 주님의 은혜와 사랑에 사로잡힙니다.
사역자에게 열광한다면 그것은 바른 사역이 아니며 바른 사역은 오직 사람들로 하여금 주님께 대한 헌신과 그리움으로 가득하게 하는 것입니다.

첫 번째 사역에는 판단과 교만과 분파의 열매가 나타나며 두 번째 사역에는 거짓이 없는 사랑과 순결함, 진정 아름다운 거룩함만이 나타납니다.
주님의 체취는 너무나 향기로우며 너무나도 아름다워
그분이 허락하시는 평화, 사랑, 순결함을 맛보면
주님께로부터 오지 않은 것들을
우리는 쉽게 분별할 수 있게 되는 것입니다.

26. 섬김의 지혜

영혼이 발전할수록 다른 사람의 마음과 상태를 쉽게 느끼며 상대를 배려해줍니다.
남의 마음을 몰라주는 것만큼 남의 마음을 닫게 하는 것도 없습니다.
많은 사람들이 다른 이들에게 상처를 주고 원수를 맺는 것은 악해서가 아니라 워낙 눈치가 없고 남의 마음을 잘 모르기 때문입니다.

어떤 이들은 자신의 마음이 노출될까봐 아주 두려워하고 싫어합니다. 그러한 이들은 뿌리 깊은 열등감과 깊은 죄책감을 가지고 있으며 남들이 자기에 대하여 아는 것을 싫어하고 이야기하는 것을 싫어합니다.
어린 영혼은 그런 경우에 오히려 상대방을 잘 알고 있다는 식으로 이야기하여 상대의 마음을 더욱 닫아 버립니다.
이런 이들을 대할 때는 조심스럽게 대하며 오직 사랑으로 서로간의 신뢰를 쌓는 것이 중요합니다.
영성이란 사랑이고 섬김이며 지혜로운 삶이지
어떤 신비한 것은 아닌 것입니다.

27. 빛의 비침

자신의 신앙이 남보다 조금 낫다고 생각하는 것은
아직 주님을 잘 모르는 것입니다.
자신이 조금 착한 사람이라고 생각하는 것은
아직 주님을 잘 모르는 것입니다.
자신이 남에게 가르칠 것이 있다고 생각하는 것은
아직 주님을 잘 모르는 것입니다.

주님은 빛이시며
그분의 빛이 우리에게 임하시면
우리는 그분 앞에 고꾸라지고
오직 그분의 자비만을 구하게 됩니다.
그 후에는 무엇을 안다고 말하지 않고
남들을 가르치려고 하지 않으며
남들을 정죄하지도 않으며
자신에 대하여 교만하거나
열등감을 갖게 되지도 않고
오직 매사에 주님의 은총을 구하게 됩니다.
주님의 빛이 임할 때 우리는
자신이 세상에서 가장 악한 존재이며

자신이 세상에서 가장 더러운 존재이며
자신이 세상에서 가장 용서받지 못할 존재임을
통렬하게 깨닫게 됩니다.
세상의 그 어떤 악인이 있다고 해도
자신보다 낫게 느껴지며
사람들이 자신을 인정하고 칭찬해도
그것이 말도 되지 않는 엉터리인 것을 압니다.
그러므로 그는 매사에 오직 주님의 은혜를 구하며
그분 앞에 엎드러져
오직 그분의 임재 속에서 살려고 하는 것입니다.

28. 자기를 잃어버림

어떤 이들은 계속 자신을 채찍질합니다.
그들은 자신에 대하여 실망하며 좌절합니다.
아.. 내가 이것밖에 안 되나.. 하면서 그들은 슬퍼합니다.

그들은 아직도 자신에게 소망을 둡니다.
그들은 아직도 자신이 뭔가를 하려고 애를 씁니다.
그들은 아직도 영이 열려지지 않아서
사람만을 볼뿐입니다.
그러므로 다른 사람의 아름다움을 볼 때 그것이 주님의 역사의 결과인 것을 모르고 그 사람을 괜찮은 사람으로 생각하고 자신과 비교하여 괴로워합니다.

아담 안에 있는 모든 것이 더럽습니다.
아담 안에 있는 모든 것이 악합니다.
오직 한 분, 둘째 아담이신 분만이 길이며 빛이며 생명이고 진리입니다. 오직 한 분만이 사랑이며 아름다움이며 영광이며 거룩입니다.
아직도 자신에게 사로잡혀있는 이들이여,
부디 눈을 들어 주님의 영광을 바라보십시오.

주를 보지 않는 이들은
끝없는 열등감과 우월감의 세계를 반복하여 돌아다니며
주를 보는 이들은 모든 선과 모든 거룩함과 모든 사랑의
근원이 오직 주님뿐인 것을 알고 그분만을 경배할 뿐입니
다.
그러므로 나를 통해서 나타나든 남을 통해서 나타나든
우리 교회를 통해서 나타나든 다른 단체를 통해서 나타나
든 그 나타나신 주님의 아름다우심을 인하여
기뻐하고 행복해하며 영광 속에 들어가는 것입니다.

자신을 버리지 못하는 자는 자신을 통하여 주님이 역사하
지 않는 것을 인하여 실족하고 분노하며
주님이 사용하시는 다른 이들을
시기하고 미워합니다.

자신을 잃어버릴 때에만
우리는 순수한 주의 영광 속에
좀 더 가까이 나아갈 수 있을 것입니다.
그리하여 나의 사람이 아닌
주의 사람이 될 수 있는 것입니다.

29. 주님의 빛

우리는 자신이 악하다고 말합니다.
자신이 교만하다고 말합니다.
자신의 안에 미움이 있다고 말합니다.
우리는 자신의 생각과 빛 속에서 그렇게 말합니다.

어느 날 진리의 빛이 오시면
우리는 그 앞에 엎드러집니다.
우리는 입을 벌릴 수 없습니다.
우리의 죄는 너무나 선명하게 드러나고
우리는 너무도 기가 막혀 말을 잊습니다.
가슴이 찢어지고 숨이 막히며
그분 앞에 너무도 죄송스러워
꿇어 엎드려 입술을 땅 위에 댑니다.
그 고통 속에서
한없는 눈물을 흘리는 것 외에는
우리는 아무 것도 하지 못합니다.
그러나 그 고통은 거룩한 고통입니다.
그것은 우리의 심장을 갈기갈기 찢는 고통이지만
그 고통 가운데는 기쁨이 있습니다.

그것은 말할 수 없는 슬픔이지만
그 슬픔 속에는 희열이 있습니다.
그 고통이 통과된 후
우리는 측량할 수 없는 평화와 자유를 체험합니다.

주님이 비추시는 만큼만
우리는 자신을 알 수 있습니다.
그러므로 우리는 자신을 악하다 말하지 않고
자신을 선하다 말하지 않고
자신에 대하여 안다고 말하지 않으며
주님의 비추심을 간구하며
날마다 그분 앞에서
그저 조용히 기다려야 하는 것입니다.

30. 생각의 습관

아름다운 성품은 주님의 역사의 결과입니다.
그러나 그것은 하루아침에 이루어지지 않습니다.
그것은 습관의 결과입니다.

날마다 수없이 떠오르는
부정적인 생각, 분노의 마음,
염려의 생각, 판단하는 마음, 원망하는 마음들...
그러한 하나하나의 생각들을
지속적으로 물리치고
주님의 생각을 선택하는
부단한 투쟁의 결과입니다.

아무리 밝아 보이는 사람이라도
어두운 상념이 강하게 공격하는 때가 있으며
아무리 사랑의 사람같이 보여도
강한 분노의 영이 사로잡아 올 때가 있습니다.
오직 십자가를 아는 자만이
그러한 싸움에서 승리하며
승리의 전리품을 얻게 됩니다.

본능적으로 자기 기질을 따라 사는 것은 쉽습니다.
그러나 자신의 안에서 일어나는 모든 악들을
끊임없이 주님께 드리고
십자가의 주님을 바라보는 것은
날마다 이루어지는 하나의 전쟁이며
그것은 바로 자신을 십자가에 못박는 것입니다.

빛과 어두움의 투쟁이 쉬운 것은 아니며
때로는 너무 힘들게 느껴지기도 합니다.
그러나 우리가 주를 의지하면서
한 걸음 한 걸음씩 믿음의 길을 걷다보면
그 길은 점점 넓어지며
조금 지나면 좀 더 쉽게
모든 상황에서 주를 바라볼 수 있게 됩니다.

그것이 생활화되고 습관이 되고
그렇게 날마다 걸어갈 수 있을 때
우리는 변화되며
천국의 영광에 좀 더 가까이 나아가게 되는 것입니다.

31. 주님의 음성

나는 자칭 예언자들을 많이 만났었습니다.
그들은 내게 많은 이야기들을 해주었습니다.
그들의 이야기를 듣고 나는 기가 죽었습니다.

주님이 그러시는데 내 속에 악한 죄들이
꽉 들어차 있다고 하셨다고 했습니다.
믿음이 형편없다고 하였습니다.
마음이 너무 높아져서
주님의 빛을 받을 수 없다고 하였습니다.
그런 믿음으로 무슨 목사가 되느냐고 하였습니다.
실제의 하나님을 모른다고 하였습니다.

그들의 이야기는 내게 절망만을 안겨주었기 때문에
나는 직접 주님께로 나아가기로 했습니다.
외부의 음성은 나에게 고통만을 주었기에
나는 내부의 음성에 귀를 기울였습니다.

그리고 주님은 사랑이시며 치유이시며
나 같은 자라도 받아주신다는 것을 알았습니다.

그 주님의 음성은 나를 변화시켰고
해방시켰습니다.
그 음성을 듣고 나는 삶이 환희이고 사랑이며
아름다운 것임을 알았습니다.
나는 자신을 더 이상 싫어하지 않게 되었습니다.

사람의 말은 좌절과 낙심을 가져오지만
주님의 음성은 소망을 줍니다.
주님의 음성은 사랑의 음성이며
용서와 치유와 회복을 일으키기 때문입니다.
그러므로 그분께 가까이 나아가서
그분의 음성을 듣는 사람은
진정 기쁨의 사람으로 사랑의 사람으로
변화되어 가게 되는 것입니다.

32. 절망의 수준

자신에게 절망한 수준만큼
주님은 그에게 임하실 수 있습니다.
많은 사람들이 자신에 대하여 실망하고 좌절하면서도
아직도 약간의 희망을 걸고 있습니다.
그래서 언젠가는 나아지겠지.. 하고 생각합니다.

완전히 절망하고 완전히 끝장이 난 후에야
주님은 오시며
그 때에 비로소 그는 해방을 경험합니다.
그 후에 나타난 열매를 보며 그는 분명히 압니다.
그것은 자신의 열매가 아니며 오직 주께서 하신 일임을..

그러므로 그는 영광을 자신이 취하려 하지 않으며
오직 주님만을 높이고
그분만을 바라보기를 원하는 것입니다.
왜냐하면 모든 열매는 오직 주님이 주시며
그분이 떠나시면 자기는 끝장 인 것을
너무나 잘 알기 때문입니다.

33. 예배와 임재

참된 예배에는 하나님의 영광과 임재가 있습니다.
하나님의 실제적인 임하심이 있습니다.
그의 영광이 임하실 때
인도자도, 성도들도
다 같이 하늘의 영광에 취하게 될 것입니다.
엘리야의 하나님이 불로써 임하실 때
완악하던 이스라엘 백성들은 그 자리에 엎드러져
'여호와, 그는 하나님이시로다!'
'여호와, 그는 하나님이시도다!'
하고 외쳤습니다.
하나님의 불과 하나님의 영광 앞에서
아무도 태연히 있을 수 없었습니다.

오늘날 사람들은 많은 예배를 드리지만
하나님의 임재를 경험할 수 있는 예배는 많지 않습니다.
하나님의 영광에 사로잡히게 하는 예배는 많지 않습니다.
잘 짜여진 예배가 있고 멋진 메시지가 있고
멋진 찬양과 멋진 성가대가 있지만
그 영광에 사로잡히게 하는 예배는 많지 않습니다.

사람들은 예배를 마치고 말합니다.
'오, 오늘 설교는 정말 좋았어.'
'오, 오늘 성가대의 찬양은 정말 감동적이었어.'
하지만 그들은 변화되지 않습니다.
그들은 왔던 것과 같은 모습으로 돌아갑니다.
하나님의 임재와 영광이 나타날 때
오늘날에도 사람들은 말할 것입니다.
'오, 하나님은 살아계신다!'
'하나님은 살아서 역사하시는 분이시다!'

오늘 우리에게는 그 임재와 영광이 가득한
그러한 예배가 필요합니다.
우리는 그러한 예배를 갈망해야 합니다.
하나님에 대하여 설명하고 이해시키는 예배가 아니라
하나님 자신이 영광가운데 임하시는
그러한 예배를 갈망해야 합니다.
그 영광이 임하고 그 불이 임할 때
빛 가운데 바울이 고꾸라진 것처럼
이스라엘이 엎드러진 것처럼
우리도 엎드러지며 변화될 것입니다.
우리는 우리를 깨뜨리고 엎드러지게 하는
영광스러운 임재의 예배를 간절히 사모해야 할 것입니다.

34. 요구

사람들은 우리에게 항상 많은 요구를 합니다.
우리들은 그들을 기쁘게 해주려고 많은 노력을 합니다.
그러나 우리는 그들을 만족시킬 수 없으며
우리의 영혼은 지치고 피곤해질 뿐입니다.

주를 알지 못하는 영혼에게는 결코 안식이 없으며
그들의 모든 요구를 들어준다 해도
그들은 기쁘지 않습니다.
그들의 요구에 대하여
과거에 아무리 많은 것들을 들어주었어도
오늘 한 가지를 들어주지 않으면
그들은 마치 원수진 것처럼 원망을 할 것입니다.

우리는 오직 한 분의 요구만을 들어야 합니다.
우리는 다른 사람의 인생을 살수 없으며
오직 주님이 우리에게 허락하신 인생을
살 수 있을 뿐입니다.

오직 주님의 분부를 이행할 때
우리는 모든 것을 한 것이며
모든 것을 사랑한 것이며
모든 것을 순종한 것입니다.

주님께만 순종할 때 많은 핍박이 옵니다.
모든 이들은 우리를 종으로 삼기 원하기 때문에
우리가 그들의 요구보다 주님의 요구를 섬길 때
그들은 사랑의 이름으로 핍박합니다.

우리가 그러한 핍박마저
주를 위하여 기뻐할 수 있다면
우리는 진정 주의 사람이 되는 것이며
그것은 많은 주의 선배들이 걸어갔던
순교의 길을 걸어가고 있는 것입니다.

그러나 우리는 우리를 핍박하는 이를
축복하고 사랑해야 하며
그로서 우리는
주님의 분부를 이루어가게 되는 것입니다.

35. 억압과 공급

잔소리와 비난은 영혼을 억압할 뿐 사람을 변화시키지도 못하고 아무런 도움이 되지도 않습니다.
오늘날 많은 부모들이 자녀를 억압할 뿐 그들에게 생명을 공급하지 못하고 있습니다.
부모가 변화되고 생명을 경험하는 만큼 자녀들은 변화될 수 있으며 그 이전에는 어떠한 위협도 자녀를 변화시킬 수 없는 것입니다.

36. 영향력

TV나 영화를 보면 잔인한 폭력의 장면이나 불륜, 선정적인 장면들이 무척 많이 나옵니다.
그러한 것들은 이 시대의 단순한 문화현상에 그치는 것이 아니며 실제적인 에너지와 힘을 가지고 능력을 행사하는 것입니다. 그것들은 이 시대에 가득한 살인과 성폭력과 가정 파괴의 중요한 동력을 공급합니다. 그러므로 그리스도인들은 이 악한 문화에 물들지 않도록 주의하고 깨어있어야 하는 것입니다.

37. 혼란 속의 평안

검은 구름이 온 하늘을 덮고
땅위에는 폭풍우로 가득합니다.
그러나 높은 곳으로 올라 구름 위에 이르면
그 곳에는 비도 폭풍우도 없으며
따뜻하고 평온한 태양의 빛뿐입니다.

영적으로 낮은 곳에는
사단의 많은 공격들이 있지만
주님의 놀라우신 임재에 가까이 갈수록
거기에는 사단의 공격이 미치지 못하며
오직 평강과 안식이 있을 뿐입니다.
그러므로 주 안에 깊이 거하는 자는
복잡하고 혼란스러운 이 세상에 살면서도
심령 속에서 깊은 행복을
경험하게 되는 것입니다.

38. 영의 상승과 하강

영계의 낮은 영역은 어두움의 영역입니다.
그러므로 낮은 영계에 있는 사람들은
불안과 분노와 절망과 미움이 끊어지지 않습니다.

영계의 높은 영역으로 올라갈수록
감사와 기쁨과 사랑과 행복감이 밀려옵니다.
악한 영들은 낮은 영계에 있는 이들을
잔인하게 누르고 압제합니다.
조금 은혜를 입고
높은 곳으로 오르려하는 이들을
악령들은 강하게 끌어내려
다시 낮은 영역에 처하게 합니다.

강한 은혜가 임하여 조금 높은 곳에 오르면
악한 영들의 손이 닿지 않아서
그들은 떨어뜨리려고 불화살을 쏘아댑니다.
그들이 영혼을 떨어뜨리기 위하여 쏘아대는 불화살은
의심, 죄책감, 원망, 비교의식, 판단... 등입니다.

그리하여 조금 높은 은혜의 세계에 오르다가
불화살에 맞은 이들은
실족하고 분노하고 상처받고 회의하며
다시 예전의 낮은 곳으로 떨어집니다.
그 불화살을 피하여 아주 높은 곳에 이르게 되면
그 곳에는 불화살이 미치지 않습니다.
이것이 높은 영역에 있는 이들이
별로 상처를 받지 않는 이유입니다.

수많은 상처와 오해와 의심과 자학은
영적 공격의 결과이며
오늘도 그러한 악령의 공격에 의하여
수많은 그리스도인들이
낮은 영역으로 떨어져
악령들의 포로가 됩니다.
그들은 한 때 능력의 사자였던 삼손과 같이
그 눈을 뽑히고 맷돌을 돌립니다.
그러나 그러한 고통을 겪으면서도
그들의 머리칼은 다시 자라며
그들은 다시금
높은 영계의 하늘을 날기 위하여
주님의 은총을 사모하게 되는 것입니다.

39. 사랑할 수 있는 힘

우리는 사랑할만한 사람을 사랑하고 싶어 합니다.
매력적이고 멋지며 우리의 비위를 잘 맞추어주는 이들을 우리는 사랑합니다. 우리의 기대에 어긋나지 않는 자녀들을 자랑스러워하며 사랑합니다.

그러나 주님께서 우리의 주위에 도무지 사랑할 구석이 없는 사람을 보내실 때 우리는 주님께 불평하며 그로부터 도망가려고 애를 씁니다.
우리는 주님께서 아무런 사랑 받을 만한 구석이 없는 우리를 받아주셨다는 사실을 너무나 빨리 잊어버립니다.

우리가 우리의 사랑 없음에 대하여 괴로워하며 주님께로 나아갈 때 주님은 우리의 마음을 변화시켜주시며 우리는 그들을 사랑할 수 있게 됩니다.
그것은 바로 주님의 마음이며 그와 같이 주님이 주신 마음이 아니고는 우리는 아무도 사랑할 수 없는 것입니다.

40. 인식의 변화1

우리는 우리가 정말 못됐고 정말 주님께 잘못했다고 생각하며 깊은 죄책감에 사로잡힙니다.
그러나 우리가 괴로워하고 있는 것들은 사실 그렇게 주님을 아프게 하지 않는 것들인 경우가 많이 있습니다.

막상 우리가 진정 주님을 고통스럽게 하는 것에 대하여
우리는 알지도 못하고 느끼지도 못합니다.
우리의 눈이 열리고 우리의 영이 조금 자란다면
우리는 무엇이 사소한 것이고 무엇이 진정 중요한 것인지
조금씩 깨닫게 될 것입니다.

41. 인식의 변화 2

어떤 이들은 대수롭지 않은 일로
근심하고 걱정합니다.
어떤 이들은 대수롭지 않은 일로
기뻐하며 춤을 춥니다.
어떤 이들은 진정 소중한 것을 가벼이 여기며
진정한 보화를 잃어버리고도 웃어넘깁니다.

진정 소중한 것이 어떤 것이며
진정 무엇에 목숨을 걸어야 하는지
볼 수 있고 알 수 있는 자는
진실로 복을 받은 사람입니다.
그는 영원히
그의 복을 빼앗기지 않을 것입니다.

42. 한 가지 조건

어떠한 슬픔도
주님이 한번 말씀하시면
그 슬픔은 끝이 납니다.
어떠한 고통도
주님이 한번만 내 이름을 불러주시면
그 순간 소멸됩니다.
하지만 아주 작은 고통이라도
주님이 멀리 계신다면
그것은 우리에게
심각한 고통을 줄 수 있습니다.
삶의 고통과 환희의 여부는
오직 주님과의 거리
그 한 가지 조건에 의하여
결정되는 것입니다.

43. 영원한 건설

우리는 날마다 자신을 만들어갑니다. 먹음으로써 몸을 만들고 보고, 듣고, 생각함으로써 우리의 영혼을 만듭니다.
그러므로 우리는 우리 자신의 건설을 위하여 조심해야 합니다.
아무 것이나 입맛대로 함부로 먹고 기분에 따라 함부로 말하고 아무런 주의 없이 보고 듣고 생각한다면 우리는 우리의 몸과 영혼과 미래와 영원을 너무나 엉망으로 건설하는 것입니다.
건물 하나를 짓더라도 그렇게 계획 없는 날림 공사는 하지 않습니다. 하물며 우리의 영원한 미래를 결정하는 몸과 영혼의 건설을 위하여 우리는 얼마나 조심해야 할까요.

지금 이 순간에도 우리는 영원을 만들어 가고 있습니다.
그렇기 때문에 우리는 지금의 순간을 소중히 여겨야 하며 감사하고 사랑하며 주를 붙들고 이 순간을 살아가야 하는 것입니다.

44. 오직 한가지 일

우리는 날마다 해야 할 일이 너무나 많습니다.
기도해야하고 말씀을 묵상해야하고 일을 해야 하고 사람들을 돌보아야하고 사람들의 수많은 요구가 우리를 향하고 있습니다. 그래서 우리는 마음이 바쁘고 분주해집니다. 그리고 많이 노력해도 우리는 사람들의 요구를 만족시키지 못하며 해야 할 일을 다 하지 못합니다.

우리에게는 언제나 마치지 못한 숙제, 다 하지 못한 말들, 다 마시지 못한 잔, 이루지 못한 꿈들이 쌓이며 다 나누지 못한 마음과 고백들이 우리의 영혼 속에 가득합니다.
언제나 그것을 다 마칠 수 있을까요.
아마 이 땅에서 그 날은 오지 않을지도 모릅니다.
진정 우리가 이 모든 것에서 해방되기 원한다면
우리는 한 가지 일만을 해야 합니다.
그것은 주님을 부르며 그분 안에 거하는 것입니다.
그것은 모든 일로부터 우리를 해방시켜 줍니다.

한 가지의 작은 사소한 일도 주님 밖에서 할 때는 바쁘고 쫓기며 100가지의 일들을 처리할 때도 주님 안에서 할 때는 안식과 평온함이 있습니다.
아무리 번잡한 일 가운데 있어도 주를 부르는 그 순간에 그의 영혼은 천국입니다.
주를 부르고 그분을 붙잡는 일, 그것은 그리스도인들의 유일한 일입니다.
그분을 부르지 않는다면 그는 아무 것도 하지 않고 있는 것이며 그분을 부르고 있다면 그는 모든 것을 하며 모든 것을 이루고 있는 것입니다.
평안한 식사 자리에서 마음의 전쟁을 겪는 이도 있고
총탄이 빗발치는 전쟁터에서 영혼의 초월적인 행복을 맛보는 이도 있습니다. 그것은 그들의 영혼이 주를 향하고 있느냐의 여부에 달려 있는 것입니다.

영혼의 중심이 주를 향하는 자는 오직 행복하고 행복하고 또 행복하며 세상이 아무리 바쁘고 쫓기며 두려움의 소문이 있어도 그는 항상 천국의 복락을 누립니다.
이 땅에서 해야 할 오직 한 가지 일은 주님을 사랑하고 그를 향하는 것입니다.
그것만이 우리에게 진정한 행복을 줍니다. 그것이야말로 우리 삶의 유일한 목적이고 의미이며 우리가 걸어가야 할 방향인 것입니다.

45. 가치관

사람들은 무엇을 먹을까 무엇을 입을까 누구와 결혼할까 어떻게 살까 많은 걱정들을 합니다.
어떻게 주님을 알 수 있으며 그분의 뜻을 이루는지에 대하여 근심하는 자는 그리 많지 않습니다.

그것은 그들의 인생관, 가치관이 아직도 자기 중심이며
주님 중심이 아니기 때문입니다.
그 때문에 그들은 많은 고통과 좌절을 겪게 됩니다.
이 우주의 중심은 주님이시며
우주의 모든 것들이 주님의 기운으로 존재하고
주님으로 운행되고 있으므로
우주에는 조화가 있습니다.

우리의 인생관이 주님 중심으로 바뀌기 전까지 우리는 무질서와 혼돈과 고통의 운행에서 벗어날 수 없는 것입니다.
주님을 아는 것, 주님을 바라는 것..
그것은 모든 무질서와 혼돈의 종말입니다.
그것은 완전이며 조화이며 단순함이며
통일이며 해방이며 초월이며 영광입니다.

주님이 중심된 삶 -
그것이 개념이 아닌 실제가 되기 위하여
우리는 인생에서 다양한 고난의 훈련을
겪어 가는 것입니다.
진정한 천국을 누리기 위해서
천국 백성으로서 천국에 입성하는 준비를 위해서
그렇게 지어져 가는 것입니다.

46. 방향 전환

사람들은 자신이 고독한 자라고 생각하며 자기의 마음은 아무도 모를 것이라고 생각합니다.
그러나 그렇게 생각하는 이들도 남의 마음을 잘 알아주고 있지는 않을 것입니다.
다른 사람들은 다 평안하고 자신만이 괴로운 것 같지만 아무리 행복해 보이는 사람도 다 각자 자기의 고통을 안고 삽니다.
자신의 고독보다 주님의 고독과 아픔에 마음을 집중하는 것이 행복의 길이며 우리는 그렇게 자신을 초월해 갈 때 자유인이 되어 가는 것입니다.

그러므로 자신의 기분이 어떻든지 자신이 죽든지 살든지 거기에 너무 매이지 마십시오.
당신의 의식을 자신의 감정이나 아픔에서 주님을 바라보는 것으로 바꾸십시오.
그러한 방향 전환이 당신에게 기쁨과 자유함을 선사하게 될 것입니다.

47. 같은 방향의 중요성

어떤 이들은 누가 더 영적으로 높은지, 깊은지에 대해서 관심이 많습니다.
그러나 주를 추구하며 따라가고 있는 자들은 누가 더 높으냐, 깊으냐가 중요하지 않습니다.
누가 더 성숙된 사람이냐를 따지는 것이 별 의미가 없습니다.
그러한 구별은 계급과 지위를 좋아하는 세상의 영들이 만들어낸 것입니다.

어떤 이는 주님을 추구하는 길에 조금 더 앞서서 가고 있고 어떤 분들은 조금 늦게 그 길을 가고 있습니다.
거기서 누가 앞이냐 뒤냐 하는 것은 의미가 없습니다.
중요한 것은 같은 방향에,
주를 추구하는 길에 같이 서 있느냐 하는 것입니다.
조금 앞서서 가는 이는 뒤에서 오는 이들을 안내할 수 있으며 뒤에서 오는 이들은 앞선 이들의 섬김과 사랑을 받고 자신도 그와 같이 늦게 오는 이들을 돕게 됩니다.

사랑하는 자나 섬김을 받는 자나 모두가 주 안에서 온전하고 아름다운 것입니다. 그러므로 영성에 대한 비교의식만큼 우스운 것이 없습니다.
우리는 주의 말씀대로 아비라, 지도자라 여김을 받는 것을 부끄러워해야 합니다.
왜냐하면 오직 주님이 우리의 아비이시며 지도자이시며 안내자이시고 생명의 주이시기 때문입니다.

48. 문제 해결

사람들은 문제 해결을 참 좋아합니다.
문제 해결은 중요하고 필요한 것입니다.
그러나 그 문제해결은 사람의 편에서가 아니라 주님의 편에서 해결되어야 합니다.

사람의 편에서 보는 문제해결이란 고통과 갈등이 없는 편안한 삶이지만 주님의 편에는 보는 문제해결이란 썩어질 것들에 대한 욕망에서 벗어나 영원하고 본질적인 것을 사모하며 생명의 주와 동행하는 삶입니다.
그것이 진정한 문제해결이며 이 땅에서도 천국을 향유하는 삶인 것입니다.
사실 문제라는 것은 무엇이 진정한 문제인지를 모르는 것이 문제이며 무엇이 진정한 문제인지를 아는 것이 곧 문제해결인 것입니다.

49. 더 좋은 것

어떤 것이 잘못되었다고 이야기하는 것보다 더 좋은 것은 어떤 것이 바른 것이며 진리라고 이야기하는 것입니다.
그러나 그것보다 더 좋은 것은 자신이 그러한 진리의 사람이 되는 것입니다.
또한 그것보다 더 좋은 것은 그렇게 진리와 사랑의 사람이 될 수 있도록 주님을 바라보는 것이며 그렇게 하도록 권면하는 것입니다.

50. 자존심

자존심을 내려놓아도 길바닥에 버려도 개도 안 물어 갑니다. 그런데 왜 우리는 그것을 지키려 애를 쓰고 있는 것일까요?

51. 늦음의 행복

나는 남들이 쉽게 배우는 것을 아주 늦게서야 배웠습니다. 남들이 쉽게 이기는 죄도 나는 오래 걸려서 간신히 극복했습니다.

내가 모든 면에 늦고 뒤떨어져 있었기 때문에 나는 남들을 정죄하는데 익숙하지 않습니다. 나는 그들보다 더 못했기 때문입니다.

주님께서는 우리가 남들을 쉽게 판단하고 정죄하지 않도록 우리를 부분적으로 바보 같고 모자라는 부분을 허용하십니다. 그래서 우리를 은혜와 포용의 사람으로 만들어 가시며 우리가 자신의 힘으로 살지 않고 오직 주님을 바라보도록 인도하시는 것입니다.

52. 짐을 지는 것

우리는 사람들을 변화시키기 원하면서도
그들에게 잔소리와 요구만을 할 뿐
그들을 위해서 짐을 지지는 않습니다.
그러나 그것은 주님의 방법이 아닙니다.
주님은 우리에게 아무런 잔소리도 요구도 없이
우리를 위하여 십자가를 지셨습니다.
그러므로 우리도 그분의 길을 따라가야 합니다.
잔소리는 영혼을 억압하지만
짐을 지는 것은
영혼을 해방시키는 역사를 이루는 것입니다.

53. 영으로 사는 것

어떤 이들은 아주 조그만 친절을 베풀고 무척이나 자랑스러워하며 생색을 내고 칭찬으로 보상받기를 원합니다.
그것은 그들에게 친절의 영이 없기 때문이며 친절한 행동이 그들에게 몹시 힘들기 때문입니다. 그러므로 그들은 보상이 없이는 결코 친절하고 싶지 않은 것입니다.
어떤 이들은 많은 사랑과 친절을 베풀면서도 생색을 내거나 보상받기를 원치 않으며 오히려 드러나는 것을 두려워합니다. 그것은 그들이 사랑과 친절의 영으로 가득 차 있어서 그러한 삶 자체가 그들에게 기쁨을 주기 때문입니다.

행위보다 더 중요한 것은 영과 감동입니다. 우리가 영이나 감동이 없이 그러한 행동을 하려는 것은 매우 힘든 일입니다. 그러므로 우리는 거룩한 영으로 사로잡혀 그 영으로 살아야 합니다.
그 영, 그 거룩한 영은 하나님을 경외하는 영이며 지혜의 영이며 사랑의 영이며 근신하는 영이며 부족함이 없는 만족감을 주는 영입니다.
그분의 영으로 살아가는 이는 그렇기 때문에 항상 행복하고 만족스러운 것입니다.

54. 주님의 경험

주님을 이해하고 배우면 우리는 사람을 가르칠 수 있습니다. 주님에 대한 많은 지식을 통하여 우리는 사람을 도울 수 있습니다.

그러나 우리가 주님을 경험할 때 우리는 주님 자신을 나누어주게 됩니다. 우리는 우리의 존재 자체로서 주님을 공급하게 됩니다.

주님을 먹고 마신 만큼 우리는 사람들의 속에 단순한 지식이 아닌 주님께 대한 그리움과 사랑과 눈물을 일으킬 수 있습니다.

주님의 체험, 영성의 체험이란 단순히 몸에 느껴지는 어떤 감각을 넘어서서 우리의 전 인격, 우리의 생명, 영혼 깊은 곳까지 그분에 대한 사모함과 그리움이 스며드는 것입니다. 그리하여 우리의 존재, 의식, 세포 하나하나 까지 주님의 소유가 되어 가는 것입니다.

그리고 그렇게 주님의 사람이 되어갈수록 우리는 진정한 천국과 해방이 무엇인지 알아가게 되는 것입니다.

55. 생수가 되시는 주님

어떤 마을에 홍수가 왔습니다.
곳곳마다 누런 황토 빛 물이 가득했습니다.
온 천지가 물로 가득했을 때 가장 부족한 것은 식수였습니다.
예수에 대한 이야기들이 온 천지에 가득한 이 시대에 진정 우리에게 필요하며 우리의 영혼에 만족을 주는 것은 예수, 그분 자신입니다.
그분은 우리에게 생수가 되시고 식수가 되셔서 우리의 모든 목마름과 고독을 치유해주십니다.
그리고 세상이 줄 수 없는 기쁨과 사랑으로 우리 영혼을 가득하게 채워주시는 것입니다.

56. 신앙 고백

오래 전 길을 걷는데 앞서 길을 걷던 아가씨의 속옷같이 보이는 것이 밖으로 삐져나와서 그녀가 실수한 줄 알았더니 그게 유행인줄 나중에야 알았습니다.
언젠가 어떤 아가씨의 청바지가 여기 저기 찢어져 있어서 사고를 당한 줄 알았더니 그게 유행인줄 나중에야 알았습니다.
배꼽을 내놓고 거리를 활보하는 여성이 있어서 그녀가 미친 줄 알았더니 그게 유행인줄 나중에야 알았습니다.

어둡고 혼미한 영들의 움직임들이 이 세상을 뒤덮는 다고 할지라도 그것은 진리가 아니며 그리스도인의 길은 거룩함과 단정함과 사랑스러움입니다.
옷차림도 자세도 그것들은 주님께 대한 우리의 신앙 고백이며 그러므로 우리는 자나 깨나 언제나 어디서나 모든 행위에 있어서 오직 주님만을 기쁘게 하는 자가 되어야 하는 것입니다.

57. 비워짐의 행복

나는 전에는 내가 가르치던 사람들이 다른 곳에서 은혜를 받았다고 하면 별로 기분이 즐겁지 않았습니다.
심지어 내가 그곳을 소개하고 인도한 곳이라고 해도 그들이 거기서 배운 메시지와 사역자를 너무 좋아하면 별로 행복하지 않았습니다.

시간이 많이 흘러 이제 나는 조금 달라진 것을 느낍니다.
이제는 비로소 세례요한이 말했듯이 나는 쇠하여야 하고 그는 흥하여야 하리라.. 하는 메시지의 의미를 조금 알 것 같습니다. 지금은 누군가 어디에서 은혜를 입었다고 하면 너무나 행복하고 기쁩니다.
그러나 나는 전에 그렇지 않았습니다. 겉으로는 즐거운 듯이 보이려고 했지만 깊은 속에서는 기쁘지 않았습니다.

10여 년의 사역을 한 후에야 나는 이제 깨닫는 것 같습니다. 모든 것을 내려놓고 그저 비워져서 주님이 허락하시는 분량의 사역을 한다는 것.. 그 비워진 만큼 행복하고 자유로워진다는 것.. 이제 조금 알 것 같습니다.

어떤 성도들은 미숙한 사역자들에 대하여 비난하지만 나는 아무런 할 말이 없습니다. 그들의 모습이 곧 나의 모습이었기 때문입니다.

나는 사역을 하면서 '나는 선배 사역자들과 다르다, 그리고 다를 것이다..' 하고 생각했지만 사실 다를 것은 하나도 없었습니다.
다른 것이 있었다면 좀 더 그들을 판단하고 좀 더 그들보다 교만했다는 사실뿐입니다.
자신의 깨달음과 신앙에 대하여 다른 이들보다 낫다고 생각하는 것은 자기의이고 교만이며 주님께서 싫어하신다는 것을 그 때는 몰랐었기 때문입니다.

비워짐은 해방입니다.
낮아짐은 행복입니다.
자신의 위치와 입장을 포기하고 오직 주님의 뜻에만 엎드릴 수 있을 때 우리는 진정한 천국을 경험하게 됩니다.
왜냐하면 천국의 주인은 오직 주님이시기 때문입니다.

58. 체험과 순종

사람들은 다른 사람이 어떤 체험을 했다고 하면 몹시 부러워합니다. 누군가가 주님의 선명한 음성을 들었다든지 그의 강한 임재를 느꼈다든지 황홀한 경험을 했다고 하면 아주 부러워하고 심지어 자기는 왜 그런 경험을 주시지 않느냐고 실족하는 이도 있습니다.

그러나 영적 경험이란 획일적인 것이 아니며 각자의 경험은 다 다릅니다. 그리고 중요한 것은 다른 이의 체험이 아니고 자신의 체험입니다. 왜냐하면 체험은 다 다르지만 모든 사람 안에서 역사하시는 주님은 같기 때문입니다.
체험의 종류는 다르지만 주님은 모든 사람 안에서 역사하십니다. 그러므로 그러한 체험 자체보다 더 중요한 것은 체험 가운데서 역사하시는 주님의 뜻과 감동에 순종하는 것입니다.

많은 이들이 영적 경험을 하고 싶어합니다.
그러나 모두가 다 체험을 원하지만 그러한 소원의 동기는 다 다릅니다.
사람들은 대체로 즐거운 느낌을 얻기 위해서, 또는 남들보다 높아지고 싶어서, 주님의 사랑을 확인하고 싶어서, 또는 신기한 것을 좋아하는 속성 때문에.. 등의 여러 동기로 체험을 추구합니다. 그러나 체험보다 중요한 것은 순종입니다.
우리는 체험의 즐거움을 추구하는 것에서 얼른 벗어나 주님께 순종하는 자가 되어야 합니다.
체험은 우리가 주님의 사람이 되기 위한 과정에 있는 것이며 단순히 우리를 즐겁게 하기 위한 것이 아닙니다.

어떤 이는 100가지 경험을 하고 주를 따르지 않으며 어떤 이는 3가지 경험을 하고 중심으로 주를 따르며 사모합니다. 그 경우 후자의 사람이 훨씬 더 영이 자라는 것입니다.
날마다 우리 안에 체험이 있습니다.
날마다 우리 안에서 주님의 감동이 있습니다.
단순히 체험과 감동에 머무르지 않고 그 감동을 받고 순종하는 이는 날마다 더 주님과 가까워지며 주님의 사람으로 날마다 변화되어 갈 것입니다.

59. 부끄러움을 가림

예전에 나는 겉으로는 "저는 부족합니다." 라고 말하면서도 속으로는 "사실 나는 잘 하는 게 많은데." 하고 생각했습니다.
겉으로는 "저는 교만합니다." 라고 말했지만 속으로는 "그래도 조금 겸손하지 않나?" 하고 생각했습니다.
"저는 참 한심스러워요." 하고 말하기도 했지만 속으로는 "그래도 당신보다는 나을 걸?" 하는 마음이 있었습니다.
주님이 그분의 빛으로 나의 모습을 비춰주실 때 나는 아무 할 말이 없었습니다. 얼마나 창피하고 부끄러운지 그저 쥐구멍을 찾기가 바빴습니다.
어처구니없게도 내가 나의 실상을 낱낱이 알게 된 후에 사람들은 나를 칭찬하기 시작했습니다.
아마 전 같으면 나는 그러한 평가들을 기뻐했을지도 모르지요. 그러나 주님께서 내가 얼마나 비참한 죄인이며 오직 주님의 은혜를 바라보는 것 외에는 아무 소망이 없음을 보여주셨기에 이제 내게 그러한 칭찬들이 별로 의미가 없게 되었습니다.
우리는 작은 촛불을 들고 자신의 수치가 보이지 않는다고 하지만 광명한 태양 빛이 우리를 비췰 때 과연 얼마나 자신을 감출 수 있을까요. 우리의 부끄러움을 가리기 위하여 오직 보혈, 은혜, 그리고 무릎이 있을 뿐입니다.

진정 주님을 보고 자신을 본 자는 자신에게 소망을 두지 않으며 자신의 열심, 자신의 행위, 자신의 지성, 그 어느 것에도 의미를 부여하지 않고 오직 주를 부르고 오직 주를 그리워하며 그분의 긍휼만을 날마다 간절히 붙들게 되는 것입니다.
그것은 주님의 사랑, 그분의 긍휼 그것만이 우리의 부끄러움을 가리는 진정한 은혜가 되는 까닭입니다.

60. 비난과 두려움

사람들은 남들에게 비난을 받는 것을 두려워합니다.
그래서 많이 묶여서 지내며 사랑이 동기가 아니라 비난을 받지 않기 위하여 조심합니다.
그러나 비난을 받지 않는 것이 어쩌면 더 두려운 일인지도 모릅니다. 우리가 빛에 속한 자라면 어두움에 속한 이들은 그것을 좋아하지 않기 때문입니다.

비난받는 것은 피할 수 없는 일입니다.
그러므로 주님께서는 비난을 받을 때 오히려 즐거워하라고 하셨습니다. 중요한 것은 비난을 받느냐 아니냐가 아니라
어떠한 이에게 비난을 받느냐 하는 것입니다.

어떤 철학자는 성품이 고약한 친구에게 한참 욕을 먹은 후 이렇게 대답했습니다.
"고맙네, 친구.
자네 같은 사람에게 칭찬을 받았다면 아마 나는 죽고 싶었을 걸세. 자네가 이렇게 욕을 해주니 얼마나 기쁜지 모르겠네."

사람에게 비난받는 것을 두려워하지 마십시오.
비난을 받지 않으려고 상대의 눈치를 보지 말며 자신을 변호하려고 노력하지 마십시오. 사람들이 비난해도 그들이 당신의 삶과 운명을 움직이는 것이 아닙니다.
우리의 인생을 움직이고 결정하시는 분은 바로 주님이십니다. 그리고 그 주님은 당신을 비난하지 않으십니다.
주님은 당신의 부족함을 아시지만 그것을 치유하고 도와주시기를 원하시며 그것으로 인하여 당신을 비난하지 않습니다.
그러므로 우리는 사람들의 비난을 두려워할 필요가 없으며 오직 사랑이신 주님의 날개 아래에서 안식과 위로를 누려야 할 것입니다.

61. 자신을 내려놓기

누군가에게 공격을 받을 때 그것에 대하여 방어하고 자신을 변호하는 것은 참으로 복잡한 일입니다.
나는 축구나 야구 같은 공놀이에 왜 그리 사람들이 흥분하는지가 이해가 되지 않았습니다.
경기를 보면서 사람들이 흥분하는 이유는 한 쪽은 공을 넣으려 하고 다른 쪽은 그것을 막으려 하기 때문에 복잡해지는 것을 알았습니다.
그처럼 방어는 복잡한 일입니다. 그러나 방어를 포기하면 그것은 아주 간단합니다.
누군가가 우리의 욕을 하면 우리는 '아.. 나는 나쁜 사람이군요.. 그 사람 못됐군..' 하고 지나가면 간단합니다.

자신을 세우고 자신을 만들어가고 자신을 지켜 가는 것은 참으로 피곤한 삶입니다.
우리는 우리의 지킴 때문이 아니라 주님의 돌보심과 은혜로 생명이 유지되는 것입니다.
자신을 내려놓고 한 걸음 떨어져 그저 주를 바라보고 의식한다면 우리에게는 자유함이 있습니다.
그것은 포기한 자의 행복이며 초월자의 기쁨인 것입니다.

62. 실상과 허상

여러 가지 은사들을 경험하고 여기 저기서 영성 훈련을 받으면서 참으로 우려되는 상황은 그들이 실상을 접하지 못하고 허상에 빠져서 각종 육적인 열매를 맺는 것입니다.
그 허상의 대표적인 열매는 교만과 판단의 영입니다.
그들은 다른 사람들의 신앙과 삶을 판단하며 누구는 깊다, 누구는 낮다, 누구는 초보이다.. 그런 식으로 생각합니다.
그들은 웬만한 지도자에게서 은혜를 받지 못하며 다들 아주 유치하고 어리다고 생각합니다.
그들은 책을 몇 권 읽고 그러한 책의 내용을 자신의 삶 속에서 경험하지 않았음에도 불구하고 책의 저자의 수준과 관점으로 사람들과 교회들을 판단합니다.

그것은 신령해 보이지만 사실은 하나도 신령한 것이 아니며 허상에게 속고 있는 것에 불과 합니다.
이러한 영들은 교회를 분열시키고 파괴시키며 각종 상처와 분란을 야기합니다. 다른 이들이 그들에게 부정적인 태도를 보이면 그들은 자신들이 좁은 길을 가고 있으며 의로운 자가 세상에서 고독하다고 생각합니다.
바른 영을 받고 있는 이들은 모든 사람들을 주의 시선으로 보게 되어 사랑스럽고 귀하고 아름답게 보게 됩니다.
주의 영이 임할 때 그는 자신이 세상에서 가장 악한 자이며 자신의 믿음이 가장 보잘것없게 느껴집니다.
그러므로 그는 사람들이 자신을 칭찬하고 높여주어도 그러한 이야기들이 믿어지지도 않고 믿으려 하지도 않습니다.
누구든 자신이 깊다고 생각하며 자신의 신앙이 좋다고 여기는 것은 주의 영의 열매가 아닙니다.
주의 영은 거룩이고 사랑이시며 끝없이 낮아진 겸손의 영이시기 때문입니다.

우리는 다 죄인입니다. 우리가 삼층 천을 경험하고 우주의 비밀을 꿰뚫었다고 하더라도 우리는 여전히 죄인이며 한량없는 구속의 은총을 돈 없이 값없이 받은 인간에 불과합니다. 누가 누구를 판단하고 가르칠 수 있을까요..
주님이 허락하시고 사용하기를 원한다면 우리는 한마디 할 수 있으며 그 외에는 아무 할 말이 없는 것입니다.
지혜와 깨달음이 출중했던 욥도 하나님의 임재 앞에서 아무 할 말이 없었습니다.

우리가 눈을 뜰 때 우리는 우리의 비천함을 압니다.
그러나 그 비천함으로 인하여 절망하지 않고 오직 주님께 소망을 두며 이 비천한 우리를 받아주신 그분께 한없는 영광과 존귀를 올려드리게 됩니다.
주님의 실상을 추구하십시오.
우리가 진정한 낮아짐을 통하여 주님 앞으로 나아갈 때 주님은 우리에게 임하실 것이며 그 영광과 실상을 경험할 때 우리는 순결함과 겸손함과 온전하고 아름다운 사랑의 열매를 맺게 될 것입니다.

63. 행복한 삶

나는 참 많이 나를 높였습니다. 하지만 그리고 나면 항상 마음이 부끄럽고 허무하고 후회가 되었습니다.
그래서 나는 나를 낮추었습니다. 그리고 나면 참 행복했고 주님이 미소를 지으시는 것 같았습니다.
그러나 어떤 때는 그것이 오히려 나를 비참하게 만드는 것을 느꼈습니다.

그래서 나는 행복의 비결이 아주 간단한 것을 알았습니다.
그것은 나를 잊어버리고 주님을 기억하는 것입니다.
내가 잘 할 수 있는 것도 부족하고 못난 것도 다 잊어버리고 주님만을 생각하는 것입니다.
그것은 나를 정말 너무 너무 행복하게 만들었습니다.
돈이 없어도 몸이 아파도 사람에게 욕을 먹어도 그것은 나를 너무 너무 행복하게 했습니다.

사단은 이것을 싫어해서 이것을 자꾸 잊어버리게 만들었습니다. 그래서 가끔 나는 불행해졌는데 그럴 때는 항상 환경을 보거나 나를 보면서 주님의 사랑과 은혜를 잊어버렸었던 것을 알았습니다.

주님의 은혜를 기억하는 것은 승리의 삶을 위한 중요한 비결이기 때문에 성경은
"여호와의 은택을 잊지 말지어다" 라고 기록하고 있습니다.
그래서 나는 결심했습니다.
어떻게 하든 주님을 잊어버리지 않기 위해서 모든 것을 하기로 마음먹었습니다.
그래서 나는 하루 종일 주님만을 생각하고 주님만을 이야기하고 지금도 잊지 않도록 글로 쓰고 있는 것입니다.
왜냐하면 나는 너무나 잘 잊어먹고 그리고 나면 불행해지니까요.
하루에 많은 일이 있지만 나는 오직 주님을 생각하는 한 가지 일만을 하려고 합니다.
그냥 하루 종일 주님이 내 안에서 어떻게 일하시는지 구경합니다. 그러니까 정말 행복합니다.
행복의 비결은 이처럼 아주 간단합니다.
주님을 기억하고 그분만을 생각하는 것입니다.
그러면 누구나 행복해질 수 있습니다.

64. 우주적인 사랑

온 우주 안에 하나님의 사랑이 가득 차 있습니다.
온 세계 안에 하나님의 영광과 임재가 가득 차 있습니다.
물이 바다 속에 가득하듯이 하늘에 공기가 꽉 차 있듯이
주님의 임재와 그분의 음성이 온 우주에 가득합니다.
그 음성은 사랑의 음성입니다.
평안을 주는 음성입니다.
너는 내 것이라. 두려워 말라.
나는 너를 사랑한다는 음성입니다.
그 음성이 우주 이 끝에서 저 끝까지 온 공간을 채우고 있습니다.
별들끼리 서로 끌어당기는 인력도 하나님의 사랑의 권능입니다. 별들이 움직이는 데는 엄청난 에너지가 필요하며 그 에너지는 곧 하나님의 사랑입니다.
하나님의 사랑 없이는 모든 별들이 단 1초도 움직일 수 없습니다.

그 하나님의 은혜와 사랑의 음성을 왜 듣지 못할까요.
왜 보지 못할까요. 이는 영혼이 어두워져 어두운 영계에서 방황하기 때문입니다.

전쟁, 기근, 재앙, 질병, 고통들.. 그것은 하나님의 뜻이 아닙니다. 그것은 사람들에게서 나오는 두려움의 상념들의 집합체에서 나오는 것입니다.
그것은 빛을 떠난 인간들이 자신의 심령 안에 어두움의 지옥을 형성하고 스스로 재앙을 끌어들이는 결과인 것입니다.

마음과 심령을 하나님의 사랑의 파동에 맞추십시오.
그 영광의 세계에 맞추십시오.
이 우주 안에는 사랑이 존재할 뿐이며 다른 모든 것들은 허상입니다. 그리고 그 실상을 접하지 못할 때 어두움의 허상에 속게 됩니다.
우리의 영혼은 오직 하나님의 영광을 갈망하며 그 빛을 발견할 때 영광으로 사랑으로 그 천국의 세계를 향하여 한없이 올라갑니다.
그것이 우리가 앞으로 영원히 경험할, 그리고 지금 살아있는 순간에도 맛볼 수 있는 기쁨과 영광의 세계인 것입니다.

65. 그리스도 안의 평안

우리는 중요한 일이 있을 때 긴장하고 떨리는 것이 당연하다고 생각합니다. 전쟁이 나거나 자녀가 수능시험을 치거나 오늘 어떤 일이 결정된다면 당연히 마음이 불안해질 것이라고 생각합니다.
일이 있으면 긴장하는 것이 마땅한 일이며 중요한 일이 지나가야 마음이 편해진다고 생각합니다.
그것은 우리의 평안이 그리스도 안에 근거한 것이 아님을 보여줍니다.
그리스도 안에 거하는 평안은 그러한 것이 아닙니다.
일이 끝나야 행복하고 편안한 것이 아닙니다.
그것은 전쟁 속의 평안이며 학대 속의 기쁨이며 목에 칼이 들어와도 깨어지지 않는 평안이며 삶과 죽음이 빼앗아 갈 수 없는 평안입니다.

우리가 본능적으로 알고 있고 구하는 평안은 육적이고 세상적이며 감각적인 평안에 불과합니다.
진정 주님이 오실 때 우리는 그 평안은 진정 영원한 것이며 그것이 세상과 환경을 초월하는 것임을 깨닫게 될 것입니다.

66. 실제

우리는 주님에 대해서 진리에 대해서 많은 것을 말하고 가르치지만 진정 우리가 무엇을 말하고 있는지 모릅니다.
우리는 주님에 대해서 진리에 대해서 많은 것을 배우고 듣고 깨달았다고 생각하지만 우리가 무엇을 듣고 배우고 있는지 사실 거의 잘 알지 못합니다.

그렇기 때문에 우리는 삶의 구체적인 상황에 부딪치면 우리가 평소에 말하고 가르쳤던 것들, 우리가 평소에 배웠던 것들을 전혀 기억하지 못하며 전혀 그런 것을 가르친 적도 배운 적도 없는 듯이 행동하게 되는 것입니다.

진리는 우리의 영혼 속에 거하는 것이며 우리의 의식과 기억 속에 거하는 것이 아닙니다.
우리의 영혼이 눈을 뜨고 생명의 실상을 알게 될 때에 우리는 그러한 혼돈과 방황의 삶에서 조금씩 벗어날 수 있게 될 것입니다.

67. 겸손

겸손이란 오직 주의 영으로 인하여 주어질 뿐입니다. 그것은 우리가 애써서 도달할 수 있는 것이 아닙니다.
우리는 겉으로 자신을 낮출 수 있지만 아직도 자신은 괜찮은 사람이라고 생각합니다. 아직도 다른 사람보다는 낫다고 생각합니다.

진정한 겸손은 오직 주님이 우리에게 오실 때만이 가능한 것입니다.
그 때 우리는 아무 것도 자랑하지 않으며 아무 것도 높이지 않으며 우리를 잊어버리고 한없이 미약한 티끌로서 그 영광의 주 앞에 엎드리게 되는 것입니다.

68. 온전한 절망

사람들은 낙담과 절망에 대하여 많이 이야기하지만 온전한 절망에까지 이른 사람은 거의 없습니다.
사람들은 수없이 불평하고 푸념하지만 여전히 자신에게 소망을 두고 세상과 환경에 소망을 두며 온전하게 그리스도를 바라보지 않습니다.
온전한 절망, 그것은 놀라운 은총입니다.
그는 모든 것에서 완전한 어두움을 보며 오직 그리스도만이 유일한 빛이심을 봅니다.
온전한 절망은 은혜가 시작되는 곳이며 측량할 수 없는 천국의 영광이 시작되는 장소인 것입니다.

69. 가장 큰 비전

비전이란 무엇입니까? 이상이란 무엇입니까?
위대함이란 무엇입니까? 큰 일이란 무엇입니까?
그것은 그리스도 안에 거하는 것입니다.

사람들이 큰 일, 위대한 일이라고 말할 때 그들은 숫자를 생각합니다. 유명해지는 것을 생각합니다.
그들은 많은 일을 하며 유명한 사역을 했을 때 천국에서 상을 많이 받을 것으로 생각합니다.
영혼이 눈을 뜨기 전까지 그들의 천국관은 물질적인 사고를 벗어나지 못할 것입니다.

그러나 영계는 성질과 성향의 문제이며 숫자의 크기 개념이 아닙니다. 그리고 유명해지는 것은 그리스도에게서 미움을 받는 것입니다.
우리는 그리스도의 생명을 공급하는 도구로서의 일 외에 유명해지는 것을 두려워해야 하며 그러한 것에는 이 땅에서나 영원한 곳에서 심판이 있음을 알아야 합니다.

많은 이상과 비전들이 자아에서 나오며 거기에는 사망이 있습니다.
큰일은 주님께 속하는 것이며 자신을 잃어버린 무심과 초월 속에서 주님이 역사하시는 것입니다.
자신에 대한 의식은 아무런 역사를 이룰 수 없으며 외적으로 드러난다 하더라도 생명이 없는 바벨탑에 불과합니다.

엘리야가 갈멜산에서 기도할 때 그는 무심 속에 있었습니다. 그는 자신이 기도를 하는지 영광 속에 있는지 몰랐습니다.
그리고 그러한 무심 속에서 조그마한 구름이 일어났습니다. 그처럼 자기를 잃어버리지 않으면 우리는 주의 영광의 역사를 볼 수 없습니다.

가장 위대한 일은 주님을 붙잡고 주님 안에 거하는 것입니다. 목사가 되든지 사모가 되든지 선교사가 되든지 부흥사가 되든지 순교자가 되든지 그것은 그리 중요한 일이 아닙니다.
자신이 살았는지 죽었는지도 잊어버리고 몸 안에 있는지 몸 밖에 있는지도 잊어버리고 그렇게 주님께 잡혀 있을 때 주님은 우리를 통해 그분의 일을 하실 것입니다.

자기 자신에 대한 의식에서 벗어나야 합니다.
사람들은 졸다가도 누군가가 자기 이야기를 하면 갑자기 눈을 뜨고 귀를 쫑긋거립니다. 그렇게 자기를 초월하지 못하기에 항상 상처를 받고 억울해하며 어둠의 영계 속에서 방황하는 것입니다.
자기를 초월한 만큼 주님은 임재하시며 생명의 역사를 이루십니다. 그가 자기를 잊었기에 주님은 편안하게 일하실 수 있습니다.

가장 위대한 비전 - 그것은 온전히 비워져서 오직 주님을 붙잡는 것입니다. 그분의 소유가 되는 것입니다.
태초부터 영원까지 그보다 더 놀라운 이상은 이 우주 안에 없습니다.

70. 관점

우리는 "그 사람 왜 그리 사랑이 없을까.." 하고 말합니다.
우리가 그렇게 말하는 것이 바로 사랑이 없는 것입니다.
우리는 "그 사람은 너무 비판을 많이 해.." 하고 말합니다.
그렇게 말하는 것이 곧 비판입니다.
"그 사람은 너무 교만한 것 같아.." 하고 우리는 말합니다.
그것이 바로 교만입니다.
우리는 하루 종일 다른 사람들에 대하여 많은 이야기를 하지만 그것은 사실 우리 자신의 이야기이며 우리 자신의 모습을 보여주고 있는 것입니다.
눈이 열린다면 우리는 우리가 보는 그 사람, 그 사람을 보는 우리의 관점이 곧 우리 자신인 것을 알게 될 것입니다.

71. 위대함

위대한 사람이 되려고 하지 마십시오.
큰 일을 하려고 하지 마십시오.
놀라운 이상을 품지 마십시오.
우리는 위대하지 않으며 우리는 대단한 존재가 아닙니다.
오직 주님만이 위대하시며 끝없이 광대하시고 영광으로 한이 없으신 분입니다.
우리는 그 놀라우신 분께 그저 붙어있으면 됩니다.
사람들은 우리를 보고 놀랄지 모르지만 우리는 압니다.
우리는 그저 붙어있고 주님이 모든 것을 하신다는 것을 우리는 분명히 알게 됩니다.

72. 분주함

어떤 이들은 수많은 일들을 처리하면서도 평온하고 안정된 마음으로 일을 합니다.
그러나 어떤 이들은 한두 가지의 일을 하면서도 그 일이 끝나기 전까지는 마음이 바쁘고 쫓기고 조급합니다.
그것은 영혼의 기능이 얼마나 발전되었는가에 달려있는 것입니다.
우리 영혼의 깊은 곳에서는 환경과 상관없이 끝없는 평온함이 흘러나옵니다. 그러므로 영으로 사는 이들은 언제나 평화를 누릴 것입니다.
그러나 영혼의 기능이 발전하지 않고 육으로 사는 이들은 언제 어디서나 항상 쫓길 수밖에 없습니다.
심지어 예수님 앞에서도 마음이 쫓겼던 마르다와 같이 말입니다.

73. 영혼의 역사

집회를 하다보면 많은 현상들이 나타납니다.
쓰러지고 울고 구르고 통곡하고 비명을 지르고 전율을 느끼고 춤을 추고 압박감을 느끼며 진동을 하고.. 많은 요란한 역사들이 있습니다.
그것은 성령님의 역사입니다.
그러나 그리 깊은 것은 아닙니다.
그것은 영혼을 깨우고 일으키는 초보적인 역사에 불과합니다. 아기는 태어날 때 소리를 지르고 울지만 항상 울면서 사는 것은 아닙니다.

성령님의 역사는 불의 역사와 빛의 역사이며 불의 역사는 외면적인 역사이고 빛의 역사는 내면적인 역사입니다.
주님은 불로써 지옥을 다스리시며 빛으로써 천국을 통치하십니다.
불은 외면의 권능에 속한 것이며 빛은 내면의 생명에 속한 것입니다.
외부적인 은사의 역사는 뜨겁고 강한 감동과 불의 역사이며 내면적인 영혼의 역사는 뜨거움보다 평화로움, 환희에 가깝습니다.

오순절의 역사는 깊은 역사가 아닙니다.
그것은 불의 역사이며 영혼을 깨우는 초보적인 역사의 시작입니다.
불의 역사는 강하지만 오래 가지는 않습니다.
그것은 부흥을 일으키지만 사람의 심령을 내면에서부터 바꾸는 것은 아닙니다.

우리는 성령님의 역사를 제한할 필요는 없습니다.
그러나 우리는 더 깊은 역사를 사모해야 합니다.
그것은 빛의 역사입니다.
그것은 영혼의 역사입니다.
영혼이 열릴수록 우리는 빛과 평화를 경험하며
모든 사람, 모든 환경, 모든 것들을 사랑하게 되며
주님의 영광을 더 깊이 알게 되고
모든 삶 속에서 주님의 역사를 경험하게 됩니다.
빛의 역사, 영혼의 역사
그것은 우리의 생명을 바꿉니다.
그러므로 우리는 영적 경험에 있어서
더 깊어지고 발전해 가야하는 것입니다.

74. 천국과 지옥

우리의 영혼이 천국에 가까운지 지옥에 가까운지 그것을 분별하는 것은 아주 간단합니다.
자신의 믿음이 아주 보잘 것 없으며 자신이 천하에서 가장 악한 죄인으로 느껴지고 그러한 비천한 자신을 받아주신 주님이 너무 고맙고 감사하다면 그는 천국의 보좌에 가까이 있는 것입니다.

반면에 자신이 체험한 것이 많고 깨달은 것이 많으며 영적으로 깊고 성숙한 수준에 있으며 다른 사람들의 신앙이 우습게 보이고 교회의 모든 것들이 다 잘못되어 보인다면 그는 지옥에 가까이 있는 것입니다.

높은 곳에 있는 이들은 항상 쉽게 상처받고 쉽게 시험에 들며 낮은 곳에 있는 이들은 아주 작은 것에도 감격하고 기뻐하며 주님의 놀라우신 은혜 앞에서 거꾸러집니다.

사도 바울은 초기에 자신을 사도라고 표현하다가 사역의 말기에는 자신을 죄인 중의 괴수라고 불렀습니다.
그가 갑자기 죄가 많아진 것이 아니며 겸손함에 대하여,

주님의 은혜에 대하여 통찰력이 달라졌기 때문입니다.
똥이 상처받지 않는 것처럼 낮은 곳에 처한 이는 항상 가볍고 자유롭고 편안합니다.
자신은 주님의 은혜를 감히 받을 자격이 없다고 느끼는 겸허함, 비천함..
그것은 은혜의 결과이며 그러한 이들에게 주님은 한없는 은총을 베푸십니다.
그러므로 그들의 영혼은 살아있으나 사후에나 항상 주님의 보좌 가까운 곳에서 주의 놀라우신 영광을 경험하게 되는 것입니다.

75. 비침

어떤 병은 자각 증상이 없어서 그 병의 증상을 느끼기가 어렵고 따라서 치유도 어렵습니다.
그처럼 자각 증상을 느끼기가 가장 어려운 병이 바로 교만의 병입니다.
교만한 이들은 결코 자신이 교만하다고 생각하지 않으며 교만한 말을 하고도 그저 자신은 할 말을 했을 뿐이며 마땅히 옳은 입장에 있다고 생각합니다.
세상이 무지하고 어리석어서 자신을 몰라준다고 느낄 뿐입니다.
그들은 가끔 자신이 교만하다고 말할 때도 있지만 실제로 마음 깊은 곳에서 자신의 교만에 대하여 고통하지는 않습니다.
왜냐하면 진정 자신이 그것을 싫어하며 그것에 의하여 고통을 받으면 교만의 영은 그에게 계속 머물러 있을 수 없기 때문입니다.
주님의 참 빛이 우리에게 비춰질 때에만 우리는 자신의 교만을 볼 수 있습니다.
그 때에야 비로소 우리는 자신이 교만한 사람인 것을 알게 되는 것입니다.

기도하지 않는 것도
사랑하지 않는 것도
주를 의지하지 않고
자신의 힘으로 무엇인가를 하려고 하는 것도
마음속으로 많은 것들을 판단하고 있는 것도
모두 다 교만에서 나온 것임을 우리는 보게 됩니다.
그 때 우리는 비로소 주님 앞에 엎드려
우리에게 주님의 긍휼을 베풀어달라고 간구하게 되는 것입니다.
교만에서 벗어날수록 우리는 무거운 짐에서 벗어나며 모든 만물이 주님의 은혜 속에서 움직이고 있는 것을 보게 됩니다.
그리하여 우리는 우리의 위치를 지키며
염려하지도 않고 두려워하지도 않으며
자랑하지도 비굴하지도 않고
자연스럽고 평안하고 부드럽게
주를 높이고 주만을 구하며
그분과 함께 날마다의 길을 걸어가게 되는 것입니다.

76. 은혜의 관계

맑은 물에는 고기가 살지 못한다는 말이 있습니다.
그래서 사람들은 자신이 맑기 때문에 주위에 사람이 모이지 않는다고 생각합니다.
그러나 사람을 가까이 오지 못하게 만드는 것은 맑음이 아니라 공격성, 정죄성입니다.
말을 하지 않아도 인격과 표정에서 나타나는 비난과 판단의 분위기입니다.

사람들은 모두가 다 허물이 많기 때문에 따뜻하고 정이 많으며 자신을 받아줄 것 같은 사람, 실수해도 용서해줄 것 같은 사람의 주위에 모여듭니다.
그러나 고고한 깃 같으나 따뜻함이 부족하고 예리하고 날카로운 사람의 곁에는 부담이 되어서 가까이 갈 수가 없습니다.
모두가 허물이 많고 부족한 우리들에게 있어서 가장 필요한 사람은 은혜와 포용의 사람이며 부족해도 정죄하지 않고 이해하고 사랑해주는 은혜의 관계는 우리 모두를 끌어당기는 것입니다.
왜냐하면 우리는 너무나 부족한 사람들이기 때문입니다.

너무나 모자라고 부끄러운 우리들을 누군가가 정말 있는 그대로 받아준다면 우리는 그러한 사람에게 가까이 가고 싶을 것입니다.
우리 모두는 진정 따뜻함이 그립습니다.
우리 모두에게는 날카롭고 예리한 분석보다도
그저 따뜻한 말 한마디가 필요합니다.
보고 싶다는
사랑한다는
그 말 한마디 말입니다.

77. 성장

우리는 우리 자신이 순수했었다고 생각합니다.
그러나 조금 자란 후 우리는
우리의 옛 모습을 부끄러워합니다.
우리는 우리의 순수함이라고 생각했던
우리의 열정, 기도, 이상들을 부끄러워합니다.

오, 주님.. 오직 당신만을 구합니다..
라는 고백 속에서
얼마나 우리는 주님 외의 다른 것들을
덧붙여 사모했었는지를 봅니다.

우리는 과거에 기도했있습니다.
오, 주님.. 이것이 당신 것이지 제 것입니까?
왜 역사하지 않으십니까?
주님.. 이것이 주님 망신이지 제 망신입니까?
그렇게 울부짖었지요..

그러나 그러한 고백은
이것은 우리 것이고

이 일이 이루어지지 않으면 우리 망신이라는
우리의 마음을 그대로 보여준 것이었습니다.

우리의 입술은 달콤했지만
우리의 중심은 그리 달콤하지 않았고
우리는 알지 못하는 사이에
우리의 영광과 명예와 편안함과 그 모든 것들을
구하고 열망하고 있었습니다.

주님을 알아갈수록
우리는 과거의 우리 모습을 발견합니다.
그리고 부끄러워합니다.
그래서 주님 앞에서 아무런 할 말이 없습니다.

그러나 세월이 흐르고
조금 더 자라면
지금의 이 모습도 너무나 부끄러울 것입니다.
주님 앞에 가까이 갈수록
우리는 자신을 믿지 않습니다.
자신의 순수함을 열정을 우월함을
전혀 믿지 않습니다.

오직 그분을 바라며
그분의 임하심과 긍휼만을 잠잠히 기다리며
겸허하고 낮아질 것입니다.
파수꾼이 새벽을 기다림같이
그 주를 향한 기다림이
우리 심령의 중심까지
세포까지 스며들어가기까지
우리는 수없는 착각과 환상 속에서
길을 걸어갈 것입니다.

볼수록 한심스럽고
알수록 부끄러워서
주님 앞에서
우리는 아무 할 말이 없습니다.
아무 것도 안다고 할 수 없고
아무 것도 깨달았다고 할 수 없어
주님 앞에 엎드려있을 뿐입니다.

부끄러움과 죄송함, 그리고
은혜에 대한 감사와 감격이 함께 올라와
우리는 그분 앞에 엎드려 있습니다.

우리의 열정 때문이 아니라
그분의 사랑과 돌보심으로
오늘도 우리는 이 길을 갑니다.

주를 사모하며 함께 걷는 이 길..
세월이 흐를수록 부끄러움은 더하지만
은혜도 더 하여
우리는 좀 더 깊이
주를 앙망하게 될 것입니다.

자신에 대하여 잊어버리고
주의 은혜와 긍휼만을
생명으로 중심으로
구하며 걷게 될 것입니다.

78. 도인의 길

어느 날 지나가는데 어떤 청년이 나를 붙잡았습니다.
그리고 물었습니다.
"도에 관심 있으세요?"
나는 대답했습니다.
"나는 도인이요."
그는 놀라서 물었습니다.
"아.. 도인이세요?"
나는 다시 대답했습니다.
"그래요. 그리스 도인이요."

그리스도인은 문자 그대로 도인입니다.
주님의 도, 십자가의 도를 추구하는 사람입니다.
주님의 도는 단순히 이 땅에서
잘 먹고 잘 살자는 도는 아니며
진리의 도를 구하고 따르는 것입니다.

도인에게는 도인의 풍모가 나타나게 됩니다.
온유함, 부드러움, 따뜻함, 사랑스러움,

세상의 욕망에서 자유로움, 환경을 초월한 평안..
이 우주의 창조자이시며 주인이신 분과 교통하는 삶...

그것은 진정한 도이며 진리의 길입니다.
그러나 현실적으로
도인의 풍모를 지닌 그리스도인들이 많지 않은 것을 보면
우리는 십자가의 도, 진리의 도를
좀 더 구하여야 하는 것이 아닌가 싶습니다.

79. 주님의 기쁨

어떤 사람이 그의 영적 인도자에게 이렇게 말하면서 울었습니다.
"저는 너무 악해요. 의롭지 않아요. 자격이 없어요."
인도자는 그에게 대답했습니다.
"왜 당신이 착해야 되고 의로워야 되고 자격이 있어야 되지요? 주님이 선하시고 의로우시고 자격이 충분하신데 그것으로 충분하지 않나요?"

놀라우신 분이 우리 안에 있습니다.
우리는 선하고 의로울 필요가 없습니다.
그것은 자신이 스스로 뭔가를 하려는 것입니다.
그렇다면 주님이 십자가를 지실 필요가 없는 것입니다.
우리는 우리 안에 완전하신 분이 내주하고 계신다는 것,
그분의 의가 우리의 의가 되셨고 그분의 힘이 우리의 힘이라는 것을 인식하는 것으로 충분합니다.

우리는 주님과 결혼했으며 그분의 모든 것은 우리의 것이 되므로 그분을 바라보는 것 그 한가지로 우리는 모든 것이 충족되는 것입니다.

아직도 스스로 하려고 애쓰고 자신의 부족함으로 속상해하는 분들은 구원자로서의 주님을 아직도 잘 모르는 것입니다.
그들은 아직도 안식과 연합이 부족한 것입니다.
그들은 여전히 주님과 분리되어 스스로의 힘으로 구원받으려고 노력하고 있는 것입니다.

연합이 이루어질수록 우리는 주님의 모든 것이 다 나의 것으로 느껴지며 그래서 그것이 우리의 기쁨이 됩니다.
스스로의 어떠함으로 탁월함으로 기뻐하는 것은 아직도 육적인 것이며 스스로의 어떠함으로 낙심하는 것도 여전히 육적인 것입니다.
우리의 기쁨은 오직 주님 자신이며
그것만이 영원히 사라지지 않는
능력과 승리의 근원이 되는 것입니다.

80. 열매의 근원

우리는 가끔 열매를 맺습니다.
자연스럽고 부드럽게 사랑의 마음과 용서의 마음이 우리 안에서 흐르는 것을 느낍니다.
그러나 별로 긍지를 가질 것은 없습니다.
그것은 우리의 열매가 아니라 우리 안에서 움직이시는 주님의 열매이기 때문입니다.

우리는 가끔 우리 자신이 완악해진 것을 느낍니다.
형제들이 사랑스럽게 느껴지지 않으며 짜증이 나고 모든 것이 싫어집니다.
그러나 별로 염려할 것은 없습니다.
그것은 우리가 주님을 붙들지 않고 있는 것을 보여주는 현상이기 때문입니다.
우리는 누구나 주님 안에 거하면 열매를 맺고 주님을 놓치면 열매를 맺지 못합니다.
우리의 열매는 주님과 우리와의 관계를 보여주는 하나의 신호입니다.
그러므로 우리가 주를 놓쳤다면 다시 조용히 우리의 시선을 주님께로 돌리면 그것으로 충분합니다.

열매가 있을 때 주님께 감사를 드리고
열매가 없으면 조용히 주를 보십시오.
거기에서 지나서 지나치게 즐거워하거나 지나치게 좌절한다면 그것은 아직도 육적인 것이며 아직도 열매의 근원을 제대로 알지 못하고 있는 것입니다.
우리에게는 아름다움이 없고 선이 없으며
모든 귀한 것들은
오직 주님을 통해서만이 오는 것입니다.

81. 사랑의 분위기

부모들은 자녀들을 사랑하므로 여러 가지의 잔소리를 합니다. 그러나 잔소리를 하면서 거칠고 강하며 공격적이고 정죄적인 분위기로 말을 한다면 자녀들은 내용과 상관없이 부모의 진의를 잘 알지 못할 것입니다.
그러므로 무슨 말을 하든지 부드럽고 따뜻하게 사랑을 가득 담고 이야기하십시오.
그들이 들을 때 자신은 사랑 받고 있다는 사실을 충분히 알고 느낄 수 있도록 그렇게 말하십시오.

이렇게 이야기해보십시오.
아이의 눈을 보면서 이렇게 말해보십시오.
"너는 어쩌면 그렇게 예쁠 수기 있니?
아빠는 정말 믿어지지 않는 구나."
"어떻게 너처럼 사랑스러운 아이가 나에게서 태어났을까.. 엄마는 너무 기가 막히구나."
"너를 안고 있는 것이 너무나 행복해서 아빠는 정말 믿어지지 않는구나.."
때로 아이가 잘못했을 때 이렇게 이야기해보십시오.
"아이야. 걱정하지 말아라. 훌륭한 사람들은 하나같이 사

고를 치고 헤맸단다. 그러니 너도 훌륭한 사람이 되려면
바보 같은 짓을 좀 더 열심히 많이 해야 한단다.."

이러한 말들이 우리에게 행복과 즐거움을 주게 됩니다.
언제 어디서든 우리의 말은 내용보다는 톤이, 분위기가
항상 더 중요하다는 것을 잊지 마십시오.
사랑이 느껴지지 않는 언어는 아무리 지혜로워 보여도
참된 지혜는 아닌 것입니다.
언어에서 사랑이 느껴질 때 우리의 삶은 진정 행복한 것이
될 것입니다.

82. 미래

무엇이든 내가 받고 싶은 것을
상대에게 그대로 해주십시오.
친절한 대우를 받고 싶다면 친절하게
마음 중심에서 배려를 받고 싶다면 그러한 배려를
따뜻하고 부드러운 말을 듣고 싶다면
그러한 말을 상대에게 해주십시오.

어린 영혼은 받을 때 행복하지만
조금 자란 영혼은 오직 주며 기뻐합니다.
결코 자신이 받고 싶지 않은 것을
남에게 주지 마십시오.
그것은 우리의 미래에 돌아오게 될
악한 것을 지금 심고 있는 것이기 때문입니다.

83. 영혼의 밤

따뜻하고 부드럽고 자연스럽고 편안하게 이야기하고 싶은
데 그것이 안 된다면 너무 걱정하지 마십시오.
그 어느 누구든지 영혼의 밤을 통과하고
눈물 골짜기와 절망의 언덕을 수없이 통과한다면
그 누구든지 부드럽고 따뜻하게 말할 수 있습니다.
아직 육의 힘이 남아 있는 이들은
거칠고 날카롭고 강력하지만
환란의 골짜기는 그 강함을 부드럽게 해주며
그 속에 숨어있는 영혼을 해방시켜
아름답고 부드러운 사랑의 사람으로
그를 변화시켜주는 것입니다.

84. 더 중요한 것

사람들은 민감성을 아주 중요하게 여깁니다.
주님의 음성을 듣는 능력을 아주 부러워합니다.
그러나 그것은 하나도 부러워할 일이 아닙니다.
그것은 영성의 표지도 아닙니다.
주님의 음성을 듣지 못하는 사람은 단 한 사람도 없습니다. 모든 사람이 주님의 감동을 받습니다.

그러나 100번의 듣기보다 더 중요한 것은 순종입니다.
바늘 끝만큼 예리한 것보다 더 중요한 것은 순종입니다.
모든 이들이 반복되는 순종을 통하여 영혼이 발전하며
그 심령 속에서 주님의 생명이 증가됩니다.
자신의 마음속에서 말씀하시는 주님의 감동에 대한 순종..
그것은 그리 달콤한 것도 짜릿한 것도 아니며 그저 평범한
일이지만 그 열매는 아주 아름다운 것입니다.
그는 점차로 마음과 생각과 심령이 주님의 소유로 사로잡히는 것을 경험하게 되는 것입니다.

85. 감동

사람들은 자신이 어떤 주님의 감동이라고 느끼는 것을 받았을 때 그것이 맞는지 틀린지에 대하여 걱정합니다.
그러나 그것은 걱정할 필요가 없습니다.
세살 먹은 어린아이가 말을 합니다.
그것은 맞고 틀리고가 없습니다.
그것은 세살 어린이의 말입니다.
그것은 문법이 틀릴지도 모릅니다.
그러나 그 어린이의 말입니다.

그 아이가 엄마에게 말을 합니다.
"어마.. 싸라해.."
엄마는 "요것아.. 단어가 틀렸잖아."
그렇게 말하지 않습니다.
"나도 싸라해.." 라고 하며 안아줍니다.
우리는 각자가 자신의 영의 수준에서 감동을 받습니다.
그것은 유치할지도 모르지만 그 수준에서 옳은 것입니다.

주님은 우리의 양심과 동기를 보시지 우리의 문법이 맞느냐를 보시지 않습니다.

사랑이 동기라면
주님이 동기라면
그것은 다 좋은 것입니다.
사랑이 동기가 아니라면
주님이 동기가 아니라면
그것들은 다 좋은 것이 아닙니다.
우리는 각자의 분량 속에서 자라가며
날마다 틀리고 헤매면서
그렇게 주님을 향하여 나아가는 것입니다.

86. 지체

민감한 사람은 강하지 않습니다.
그러므로 끈기가 없어
주님의 나라와 그분의 사역을 다 이루지 못합니다.
그러므로 그는 둔감한 이의 도움을 받아야 합니다.
둔감한 사람은 강하고 성실합니다.
그러나 그는 보완을 위하여
민감한 사람의 도움을 받아야 합니다.

많은 이들이 감동과 느낌을 좋아하지만
감동과 느낌이 많은 사람들은 움직이는 것을 싫어하고
일하기를 싫어하고 싸우기를 싫어하는 경향이 있어서
가나안 땅을 정복하기가 어렵습니다.
눈은 민감하며 보고 분별하는 기능이 있습니다.
그러나 너무 부드럽고 약하여 싸우지 못하며
주먹에 맞으면 상합니다.
혀는 부드러워 맛을 분별하지만
역시 약해서 이빨에 물리면 피가 나며
전투에 적당하지 않습니다.

어떤 이는 눈의 지체이며 어떤 이는 혀의 지체이고
어떤 이는 손이며 어떤 이는 발의 지체입니다.
우리가 서로 떨어져 있으면
모두가 가난하고 약하지만
우리가 서로 연합되어 서로를 돕는다면
모두가 강하고 아름다운 자로서
주님의 나라를 얻을 것입니다.

천국은 이와 같은 하모니와 조화가 충만한 곳으로써
주님과 성도의 연합
그리고 성도와 성도의 연합을 통한
온전함의 연매가 가득한
아름다운 사랑의 나라인 것입니다.

87. 성숙

심령이 어린 사람은
천사와 결혼하여도
지옥에서 살게 됩니다.
그의 마음에 겸손과 온유와 섬김과 사랑이 없으면
그는 결코 어둠의 영계에서 놓여나지 못합니다.

지옥은 마음에서 시작되는 것이며
그 어떤 것도 그를
마귀로부터 보호할 수 없기 때문입니다.

영혼의 성숙이란
현재와 미래와 영원을 위한
근본적인 행복의 조건이며
그 이외의 다른 것으로는
결코 행복과 기쁨과 만족을 얻을 수 없는 것입니다.

88. 자연스러움

긴장하지 마십시오.
과장하지 마십시오.
스스로 강한 척 하지 마십시오.
자신을 있는 그대로 내버려두십시오.

어떤 이들은 마음이 약한데
강하게 보이려고 노력합니다.
어떤 이들은 상처를 받았으면서도
아무렇지도 않은 듯이 보이려고 노력합니다.
어떤 이들은 많이 두렵고 떨리면서도
하나도 두렵지 않은 듯이 보이려고 애씁니다.

자신을 포장하지 마십시오.
그저 가만히 내버려두십시오.
그러한 포장은 영혼을 억압합니다.
그리하여 당신을 부자연스러운 사람으로 만들며
당신의 영혼을 피곤하고 지치게 만듭니다.
당신이 어떤 사람이라도 상관없습니다.
소심해도 괜찮습니다.

우유부단해도 괜찮습니다.
쉽게 상처받고
쉽게 낙심해도 괜찮습니다.
겁이 많고 변덕이 심해도
그래도 상관없습니다.
자신을 있는 그대로 놔두십시오.
슬프면 울고
속이 상하면 주님께 가십시오.
주님은 우리가 어떤 상태이든 어떤 사람이든
그저 있는 그대로 우리를 사랑하십니다.
우리를 그냥 받아주시고 안아주시며
위로해주십니다.

우리는 하나도 특별한 존재가 아닙니다.
그러나 주님께 있어서
우리 모두는 너무도 특별한 존재입니다.
그분이 우리를 지으시고
그분이 우리를 위하여 심장을 찢으셨기 때문입니다.
십자가에서 그분이 돌아가신 것은
피흘림의 분량 때문이 아니고
심장이 찢어졌기 때문입니다.
사랑과 그리움에 가슴이 타올라

가슴이 찢어져서 죽으셨기 때문입니다.
심장이 찢어진 사람은 피와 물이 분리되어
따로 따로 흘러나오게 됩니다.
주님의 옆구리에서 나온 물과 피는
그분의 심장이 찢긴 것을 보여주는 것입니다.

우리는 그분의 심장입니다.
우리는 아무 것도 아니지만
그분이 사랑하십니다.
자신을 과장하지 마십시오.
강하게 되려고 하지 마십시오.
그저 주님 안에서 편안하게 쉬십시오.
주님은 당신을 사랑하십니다.
이 우주의 왕이신 그분이
당신을 사랑하십니다.
그리고 그것만으로
모든 것은 충분합니다.

89. 자유

사람들은 배우자가 바람을 피우면 당연히 상처와 분노에 사로잡혀야 된다고 생각합니다. 그것은 TV에서 항상 다루는 주제입니다.
그러나 그것이 뭐가 그리 대단할까요. 배우자가 바람을 피우는 것은 주님을 사랑하지 않는 죄에 비하면 아주 가벼운 죄입니다.
배우자가 주님을 사랑하지 않는 것에 대하여는 별로 마음을 찢지 않으면서 자신에게 충실하지 않는다고 마음 아파하는 것은 아직도 그 사람이 자신의 입장에만 사로잡혀 있는 것을 보여주는 것입니다.

우리는 자신에게 대하여 몸과 마음의 순결을 지켜야 합니다. 그러나 상대방에게 그것을 요구할 권리는 우리에게 없습니다.
판단자는 오직 주님이시며 우리는 오직 배우자를 사랑하고 섬기기 위하여 존재하는 것뿐입니다.

상대가 바람을 핀다면 그가 지금껏 우리에게 베푼 사랑과 친절에 대하여 감사하며 그를 충분히 섬기지 못한 것을 반

성하고 회개하며 그에게 용서를 구하고 그를 축복하고 떠나보내면 됩니다.
우리의 소유란 아무 것도 없으며 소유욕과 집착에서 모든 번민과 지옥이 시작되기 때문입니다.
어차피 아주 짧은 삶을 살면서 먼지와 같이 사라지는 것들을 위하여 그토록 마음을 쓸 이유는 없는 것입니다.

집착과 욕심에서 벗어날 때 우리게는 행복이 시작되며
날마다 좀 더 가까운 천국의 세계를 경험하게 됩니다.
영혼이 성장할수록 우리는 많은 것들에게서 해방되며
영원히 사라지지 않는 진정한 행복과 기쁨의 근원을 알고 경험하게 될 것입니다.

90. 신성의 불꽃

왜 사람들은
우리 같은 범인은.. 하고 말하며
깊고도 아름다운 영성의 세계를
추구하지 않을까요?

왜 그토록 자신을 비하하고
낮은 곳에서 살며
본능과 욕망의 수준에서
머물러 있으려고 하는 것일까요?

우리는 하나님의 형상으로 만들어졌고
우리 안에서는
거룩하고 놀라운 신성의 불꽃이
타오르고 있는데 말입니다.

91. 평화

소크라테스는 아내의 폭행에 대하여 태연했습니다.
소크라테스가 사람들과 이야기하고 있을 때 아내 크산티페는 마구 소리를 지르며 욕을 하고 그 후에는 양동이에 물을 담아서 소크라테스의 머리 위에 붓기도 했습니다.
소크라테스는 태연하게 이렇게 말했습니다.
"천둥이 친 후에 소낙비가 오는 것은
당연한 자연의 이치이지.."

오늘날 거듭나고 주님을 안다고 하는 그리스도인들이 소크라테스 수준의 평화도 잘 모른다는 것은 정말 놀라운 일이 아닐 수 없습니다.

92. 부드러움

똑똑하고 세련된 신앙인이 되지 말고
부드럽고 포근한 주님의 사람이 되십시오.
세상에는 지치고 피곤한 사람이 가득합니다.

93. 무기

모든 이들이 무기를 얻으려고 합니다.
지식을 얻고 능력을 얻고
어떤 위치를 얻으려고 합니다.
그러나 우리의 두 손이 비어있을 때에
주님은 우리의 무기가 되어 주십니다.

94. 오해

사람들은 오해를 받으면
몹시 억울하다고 난리를 치며
그것을 해명하고
자신을 변호하려고 무진 애를 씁니다.
오해를 푸는 것이 무엇이 그리 중요한가요?
상대의 생각이 맞을지도 모르고
또 틀리면 어떻습니까.
주님도 오해를 받으셨는데
우리도 받는 것이 마땅한 것입니다.

많은 사람들이 주님께 대하여 오해하고 있는데
주님께 대한 오해를 풀어주는 것보다
자신에 대한 오해를 푸는 것이 더 중요하다면
우리는 아직도 자신에게 속해있는 것이며
주님께 속한 사람이라고 할 수가 없을 것입니다.

95. 권위

어른이 말을 하면 들어라..
이렇게 말을 하는 이들은
별로 가르칠 것이 없습니다.
자신을 어른이라고 생각하는 사람은
이미 어른이 아니며
자신의 생각이 옳다고 생각하는 이들은
이미 옳은 입장에 있지 않기 때문입니다.
우리는 자신의 위치를 낮음과 비천함에 두어야 합니다.
그리고 그 위치를 벗어날 때
우리는 주님의 풍성함을 상실하게 됩니다.
참된 권위는 나이나 지식이나
경험에서 나오는 것이 아니며
그것은 오직 주님 앞에 엎드려 있을 때에
흘러나오게 되는 것입니다.

96. 은혜

어떤 늙은 거지가 있었습니다.
그는 몸도 아프고 돈도 없고
구걸할 힘도 없어서
굶어 죽을 수 밖에 없었습니다.

우연히 어떤 부유한 노인이
그를 불쌍하게 여겨
그에게 식사를 제공했습니다.
그런데 그 음식은 너무나 맛있고
힘이 나게 하는 음식이었습니다.
이제 그는 식사 때마다
끼니를 걱정하지 않게 되었습니다.
그는 이제 여유 있게 다른 이들과 어울렸습니다.
그는 다른 거지들이 먹고 있는 음식을 보면서
그들을 비웃었습니다.
이런 쓰레기 같은 것도 음식이냐고
그들을 조롱했습니다.
그런데 그 날 저녁 식사 때에
그 노인이 늙은 거지에게 찾아와서 말했습니다.

"당신은 이제 나의 식사 자리에 오지 마시오.
당신을 불쌍히 여겨 좋은 음식을 주었더니
그것으로 다른 이들을 조롱한단 말이요?
당신은 이제 혼자 힘으로 먹고 사시오.
나의 음식은 오직 불쌍한 사람들의 것이오."

은혜를 받고 그 은혜를 잊는 것은
참으로 부끄럽고 비참한 일입니다.
우리는 언제나 그 은혜를 기억해야할 것입니다.

97. 맡기심

주님께서 우리에게 은혜를 베푸신 것은 우리가 특별한 존재여서가 아니라 그분이 우리를 불쌍하게 여기셨기 때문입니다.

그분이 우리를 사랑하시는 것은 우리만을 특별히 사랑하시는 것이 아니라 우리가 받은 그분의 사랑을 다른 이들에게 나누어주도록 주님이 우리에게 임무를 맡기셨기 때문입니다.

그러므로 우리는 받은 은혜와 사랑에 대해서 자랑할 것이 없으며 오직 그 사랑과 은혜를 갚으며 보답해야 할 것입니다.

98. 인식

영이 어릴 때 사람들은 자신이 많은 상처를 받았으며 많은 이들이 자신을 배신했다고 생각합니다.
조금 자란 후에 사람들은 자신이 많은 상처를 다른 이들에게 주었으며 자신이 많은 이들의 은혜를 배신한 것을 알게 됩니다.

조금 더 자란 후에 사람들은 모든 것이 주님께로부터 오며 모든 것이 은혜요 감사인 것을 알게 됩니다.
눈을 뜰수록 우리는 주어지는 모든 상황이 주님의 허락 속에서 이루어지며 이 모든 것들은 당시에는 슬퍼 보여도 그분의 은혜와 영광을 이루시는 도구임을 알게 됩니다.

그러므로 눈이 뜨일수록 우리는 감사와 찬양과 사랑의 고백 외에는 더 할 말이 없어지는 것입니다.

99. 천국의 빛

자신의 믿음이 좋다고 생각하지 마십시오.
그것은 주님이 기뻐하시지 않습니다.
자신이 무엇을 안다고 생각하지 마십시오.
꿈에라도 그렇게 생각하지 마십시오.
주님은 그것을 싫어하십니다.

자신이 남에게 무엇을 가르칠 것이 있다고
결코 그렇게 생각하지 마십시오.
당신은 반드시 주님을 잃게 됩니다.
당신은 어느새 자기도 모르게
판단과 교만한 영을 받아들이게 되며
그렇게 당신의 영은 망가지는 것입니다.

온 세상이 당신을 선하고 아름다운 존재라고 말해도
결단코 그 말을 믿지 마십시오.
온 세상이 당신을 지혜롭다고 말해도
절대로 그 말을 믿지 마십시오.

우리는 악한 죄인입니다.
우리는 더럽고 추악한 죄인입니다.
우리는 온갖 치사스러움과 교활함과
추잡함과 이기심으로 가득한 존재입니다.
우리는 지옥에 만 번 떨어져 죽어도
아무 할 말이 없는 죄인입니다.

제 정신이 있는 사람이면
결코 자기를 높이지 않으며
사람을 높이지 않을 것입니다.

그러나 우리의 악함으로 인하여
결코 낙심하거나 좌절하지 마십시오.
오히려 크게 기뻐하고 기뻐하십시오.
왜냐하면 그럼에도 불구하고
주님께서 우리를 용서하시고
우리를 사랑하시며 버리시지 않기 때문입니다.

죄가 더한 곳에 은혜가 넘치며
연약함이 많은 곳에
주님은 긍휼을 베푸십니다.
그리하여 우리의 악함과 연약함은

주님의 은총을 담는 귀한 도구가 되는 것입니다.
자신을 제대로 보고
사람에 대하여 제대로 알 때
우리는 허탄한 것에 뿌리를 두지 않습니다.
그리하여 오직 영광의 주님,
보좌에 계신 주님에게만
우리의 소망을 두게 됩니다.

오직 낮은 곳으로 가십시오.
높은 곳에서 내려오십시오.
낮은 곳에 주님의 빛이 오며
거기에서부터 천국은 시작됩니다.

100. 요구하는 사람, 위로하는 사람

잔소리를 하지 마십시오.
사람들에게 부담을 주지 마십시오.
우리는 요구하는 사람이 되어서는 안 되며
위로하고 격려하는 사람이 되어야 합니다.

잔소리를 하는 것은
비난이며 정죄이며 공격입니다.
그것은 사람에게 아무런 힘이 되지 않으며
할 수 없는 것을
더 할 수 없도록 만듭니다.
우리가 할 수 없는 것은
힘이 부족하기 때문이며
잔소리를 통해서는 힘을 빼앗겨
더 할 수 없게 되지
결코 긍정적인 변화가 생기지는 않습니다.

잔소리는 다리를 다쳐서 걷지 못하는 이에게
걷지 못한다고 야단을 치며
다리를 부러뜨리는 것과 같습니다.

격려는 위로와 힘을 주며
할 수 없는 것을 할 수 있는
힘과 용기를 줍니다.
우리는 위로자와 격려자가 되어야 하며
결코 부담을 주는 사람이 되어서는 안 됩니다.

끊임없이 남에게 잔소리를 해대며
사람들이 자기를 좋아하지 않는다고
툴툴거리는 사람들이 있습니다.
그러나 정신병자 외에는
아무도 잔소리하는 이를
좋아하지 않을 것입니다.

부모들이 자녀들에게 잔소리를 하기 때문에
자녀들이 빗나가며
사역자들이 성도들에게 잔소리를 하기 때문에
성도들의 영혼이 죽어갑니다.
그들은 격려와 힘을 얻기를 기대하며
기쁨으로 교회에 오는 것이 아니라
그저 별 기대 없이 습관적으로 교회에 옵니다.

성도를 치고 꾸짖는 것을
자신의 사명으로 여기는 사역자들도 있는데
그것은 예배를 지옥으로 만드는
가장 효과적인 방법입니다.
그것은 결코 진정한 승리를 가져오지 못할 것입니다.

잔소리는 병들고 어린 심령에서 나오는 것이며
결코 선지자의 심령에서 나오는 것은 아닙니다.
주님의 은총을 많이 경험할수록
우리는 사람을 세워주는 사람이 되고
때리는 사람이 되지 않습니다.

주님은 우리에게 잔소리를 하지 않으십니다.
사마리아 여인에게도
간음하다 잡혀온 여인에게도
남들의 돈을 많이 떼어 먹은 세리에게도
주님은 잔소리를 하지 않으셨습니다.
그분은 위로하고 친절하게 대해주시며
그들을 축복하셨습니다.
그리고 그 사랑으로 인하여
그들은 변화되었습니다.

오늘도 주님은
우리를 격려하시고 축복하십니다.
우리가 이처럼 엉망인데도
주님은 사랑의 손으로 어루만지십니다.
그분의 그러한 손길을 경험하고
우리는 변화되어 가는 것입니다.
잔소리를 하지 마십시오.
잔소리가 올라오고
사람들이 하는 짓이 꼴 보기 싫을 때
주님의 온화한 모습을 바라보십시오.
그 기운을 내려놓으십시오.
사람이 이뻐 보이지 않을 때
아무 말도 하지 마십시오.

부니 격러의 사림이 되십시오.
요구를 하지 말고
섬기는 사람이 되십시오.
그것은 영혼을 섬기며
생명을 일으키는
아주 아름답고 귀한 사역입니다.
우리는 모두
그러한 사역자가 되어야 할 것입니다.

지치고 피곤하며
안식도 위로도 없이
온통 서로 정죄하고 공격하는 이 세상에서
한 줄기의 빛처럼
용기와 기쁨을 주는 사람,
희망과 위로를 주는 사람이 되어야 할 것입니다.

도서구입신청

도서 구입을 원하시는 분들을 위한 안내입니다.

1. 도서 목록 확인
페이지를 넘기시면 정원 목사님의 도서 전권이 안내되어있습니다.
도서 목록을 참조하셔서 필요로 하시는 책을 선택하십시오.
각 도서의 자세한 목차와 내용을 원하시면 정원목사 독자 모임 카페의 [저자및 저서소개] 코너를 참조하십시오. (http://cafe.daum.net/garden500)

2. 책신청
구입하실 도서를 결정하신 후에, 영성의 숲 출판사로 전화를 주세요.
(02-355-7526 / 010-9176-7526. 통화시간: 월~금 오전 9시~저녁 6시)
신청 도서 목록을 알려주시면 입금하실 금액을 안내해 드립니다.
신청하실 때는 책을 받으실 주소와 전화번호를 함께 알려주세요.
책신청은 전화 외에도 영성의 숲 홈페이지의 [책신청] 코너,
출판사 이메일(spiritforest@hanmail.net)을 사용하실 수 있습니다.

3. 송금
안내 받으신 도서 대금을 아래 계좌로 입금해 주세요.
(국민은행: 051-21-0894-062, 예금주: 홍윤미)
신청자 성함과 입금자 성함이 일치하지 않는 경우에는 입금자 성함을
꼭 알려주셔야 확인이 가능합니다.

4. 배송
입금 확인 후에 바로 발송 작업을 하는데, 발송후 도착까지 보통 2-3일 정도가 소요 됩니다. 책을 급하게 필요로 하실 경우에는 일반 서점을 이용해 주세요. 해외 배송을 원하시는 분은 총판을 담당하고 있는 생명의 말씀사로 문의해주시기 바랍니다.
(생명의 말씀사 080-022-1211   www.lifebook.co.kr)

| 정원 목사님의 저서 |

〈기도 시리즈〉

1. 하늘의 권능이 임하는 부르짖는 기도 1   373쪽. 13,000원/핸디북 10,000원
2. 하늘의 권능이 임하는 부르짖는 기도 2   444쪽. 15,000원/핸디북 11,000원
3. 대적기도의 원리와 능력   400쪽. 14,000원/핸디북 11,000원
4. 대적기도의 적용 원리   424쪽. 14,000원/핸디북 11,000원
5. 대적기도를 통한 승리의 삶   452쪽. 15,000원/핸디북 12,000원
6. 대적기도의 근본적인 승리 비결   454쪽. 15,000원/핸디북 12,000원
7. 아름답고 행복한 기도의 세계   276쪽. 9,000원
8. 주님의 마음에 이르는 기도   309쪽. 10,000원
9. 주님의 임재를 경험하는 길   308쪽. 10,000원
10. 예수 호흡기도   460쪽. 15,000원/핸디북 11,000원
11. 방언기도의 은혜와 능력 1   459쪽. 16,000원/핸디북 12,000원
12. 방언기도의 은혜와 능력 2   403쪽. 14,000원/핸디북 11,000원
13. 방언기도의 은혜와 능력 3   489쪽. 16,000원/핸디북 12,000원

〈영성 시리즈〉

1. 영성의 실제를 경험하는 길   357쪽. 12,000원
2. 생각의 자유를 경험하는 길   228쪽. 8,000원
3. 영성의 중심은 사랑입니다   271쪽. 8,000원
4. 영성의 원리   319쪽. 11,000원
5. 문제는 주님의 음성입니다   227쪽. 9,000원
6. 영성의 발전은 어떻게 이루어지는가   254쪽. 8,000원
7. 지금 이 공간에 임하시는 주님   340쪽. 12,000원
8. 심령이 약한 자의 승리하는 삶   228쪽. 9,000원
9. 천국의 중심원리   452쪽. 14,000원
10. 행복한 신앙을 위한 28가지 조언   348쪽. 12,000원

11. 성숙한 신앙을 위한 30가지 조언	340쪽. 12,000원
12. 의식의 깨어남을 사모하라	239쪽. 9,000원
13. 주님의 마음, 주님의 임재 속으로	348쪽. 12,000원
14. 영성의 발전을 갈망하라	292쪽 10,000원
15. 집회에서 흐르는 주님의 은혜	254쪽 8,000원
16. 삶을 변화시키는 생명의 원리	348쪽 12,000원
17. 낮아짐의 은혜1	308쪽 11,000원
18. 낮아짐의 은혜 2	388쪽 14,000원
19. 그리스도를 갈망하는 삶	268쪽 10,000원
20. 영이 깨어날수록 천국을 누린다	236쪽 8,000원

〈생활 영성 시리즈〉

1. 주님과 차 한잔을	220쪽. 6,000원
2. 일상의 삶에서 주님을 의식하기	280쪽. 8,000원
3. 일상에서 경험하는 주님이 사랑	277쪽 9,000원
4. 삶이 가르치는 지혜	212쪽. 6,000원
5. 사랑의 나라로 가는 여행	156쪽. 5,000원
6. 하나님의 뜻을 발견해 가는 여행	269쪽 8,000원
7. 일상에서 경험하는 주님의 은혜	253쪽 8,000원

〈묵상 시리즈〉

1. 맑고 깊은 영성의 세계를 향하여	140쪽. 5,000원
2. 주님은 생수의 근원 입니다	196쪽. 6,000원
3. 묻지 않는 자에게 해답을 던지지 말라	156쪽. 5,000원
4. 영혼을 깨우는 지혜의 샘물	180쪽 6,000원

맑고 깊은 영성의 세계를 향하여

1판 1쇄 발행	2002년 4월 30일
1판 2쇄 발행	2002년 11월 20일
2판 1쇄 발행	2005년 6월 30일
2판 2쇄 발행	2006년 11월 10일
3판 1쇄 발행	2009년 2월 20일
3판 5쇄 발행	2020년 2월 25일
지은이	정 원
펴낸이	이 혜경
펴낸곳	영성의 숲
등록번호	2001. 7. 19 제 8-341 호
전화	02 - 355 - 7526 (영성의숲)
핸드폰	010 - 9176 - 7526 (영성의숲)
E - mail	spiritforest@hanmail.net (영성의숲)
홈페이지	cafe.daum.net/garden500 (정원목사 독자 모임)
	cafe.naver.com/garden500 (정원목사 독자 모임)
국민은행	051-21-0894-062
예금주	홍 윤미
총판	생명의 말씀사
전화	02 - 3159 - 8211
팩스	080 - 022 - 8585,6

값 5,000원

ISBN 978 - 89 - 90200 - 62 - 4 03230